Tsunami
les rescapés témoignent

CLD
éditions

Du même auteur

Solenn de Royer a déjà publié :

Discriminations raciales, pour en finir,
avec Jean-Michel Blier, Guide France Info/Éditions Jacob-Duvernet, 2001.

Nous sommes tous des immigrés, avec Roger Fauroux et Hanifa Chérifi, Robert Laffont, 2003.

Carole Caumont
Solenn de Royer

Tsunami

les rescapés témoignent

CLD
éditions

À toutes les victimes du tsunami.

À Isabelle Azaïs.

AVANT-PROPOS

Des paroles libres et essentielles

Comme beaucoup, j'ai été choqué par les images terrifiantes du raz-de-marée qui s'est abattu sur les côtes du Sud-Est asiatique à la fin du mois de décembre 2004. Ces eaux déferlantes ont laissé derrières elles tant de ruines, de douleur et de morts que personne n'a pu rester insensible. La générosité et la solidarité planétaire quasi spontanée qui ont accompagné les premiers secours sont à la mesure de la profondeur de l'émotion.

Les premiers récits des rescapés m'ont bouleversé. Ils traduisaient des sentiments profonds, des émotions vives, des peines inconsolables mais révélaient également quelque chose d'essentiel sur l'homme et son destin, sa place dans le monde, sa relation aux autres et à lui-même. L'anéantissement côtoyait le miracle, la détresse l'espérance, l'abandon la solidarité.

J'ai pensé qu'il fallait conserver ces témoignages. Il m'a paru important de les recueillir et les restituer dans leur vérité. Pour la mémoire de ceux qui ne sont pas revenus. Pour ne pas oublier les souffrances de ceux qui sont revenus. Pour veiller auprès de ceux qui ont tout perdu. Mais aussi pour nous-mêmes qui avons assisté, spectateur impuissant, à cette catastrophe.

L'idée de ce livre était née. J'en élaborais les bases avec Isabelle Azaïs, journaliste indépendante, un jour de janvier. Sensible et volontaire, Isabelle avait toutes les qualités pour accomplir ce travail. Les résultats de ses premiers entretiens se sont révélés encourageants. Les rencontres s'enchaînaient, sans se répéter. Isabelle tenait beaucoup à ce projet. Elle n'aura pas eu le temps de le mener à son terme. Le 24 janvier 2005, victime d'un infarctus, Isabelle nous a quittés.

Avec Jean-Yves Riou, directeur général des éditions CLD, nous avons décidé de poursuivre ce projet. Ce livre devait paraître à tout prix. Nous le devions à Isabelle. Nous le devions aussi aux victimes et aux rescapés du tsunami.

Solenn de Royer, journaliste à *La Croix* et nièce d'Isabelle Azaïs, et Carole Caumont, journaliste indépendante, ont accepté de prendre le relais et de mener ce travail à son terme Qu'elles en soient vivement remerciées.

Ces témoignages sont restitués dans leur vérité propre. Ces paroles sont libres. Ces paroles sont aussi des leçons de vie. Elles nous apprennent beaucoup sur notre condition humaine et sur ce qui peut la dépasser. Ces témoignages, chers lecteurs, vous sont confiés.

BENOÎT DE SAGAZAN
Directeur de collection

INTRODUCTION

Le 26 décembre 2004, un séisme sous-marin d'une magnitude de 9 sur l'échelle de Richter frappe le nord de l'île de Sumatra, en Indonésie. Un séisme sans précédent depuis près d'un demi-siècle. L'un des plus violents tremblements de terre jamais enregistrés. Les secousses provoquent un mouvement brutal des fonds marins et entraînent un déplacement d'eau colossal. L'onde de choc est gigantesque. En pleine mer, elle se déplace à des vitesses comprises entre 500 et 800 km/h. À l'approche des côtes, l'eau perd de sa vitesse, mais gagne en amplitude : elle se transforme en vagues géantes, qui atteignent plusieurs mètres de hauteur.

C'est un tsunami. Littéralement, en japonais : « vague de port ». Un raz-de-marée. Un raz-de-marée d'une violence inouïe.

Quelques minutes après le séisme, la province d'Aceh, en Indonésie, est dévastée. En quelques heures, des murs d'eau s'abattent successivement sur les côtes de l'Inde, du Sri Lanka, de la Thaïlande, de la Birmanie, et des Maldives. Les effets du raz-de-marée se font sentir jusqu'en Afrique, à des milliers de kilomètres de l'épicentre du séisme.

Les images de la catastrophe apparaissent sur les écrans de télévision du monde entier. En Indonésie et au Sri Lanka, les deux pays les plus touchés, des villages de pêcheurs sont entièrement rasés. Partout, les rescapés décrivent des « paysages de guerre ».

Le bilan humain est considérable : près de trois cent mille morts ou disparus, des centaines de milliers de blessés, des millions de sans-abri. L'émotion est immense, la mobilisation immédiate. Dès le 27 décembre, l'Onu déclenche sa « plus grande opération humanitaire ». Des centaines de médecins, de secouristes et de bénévoles se portent volontaires. Le coût des destructions se chiffre en milliards de dollars. Dans tous les pays du monde, le raz-de-marée suscite un formidable élan de générosité.

C'est l'Asie qui est frappée, mais le monde entier est en deuil. La zone touchée est l'une des plus touristiques de la planète. Les vagues ont déferlé sur les plages paradisiaques de la Thaïlande, où séjournaient des milliers de touristes de toutes les nationalités. Les îles de Phuket et de Ko Phi-Phi, réputées pour leur beauté, ou encore l'immense plage de Khao Lak, plus au nord, ont été ravagées. Au Sri Lanka, le sud de l'île, où se trouve notamment la réserve animalière de Yala, est englouti. Aux Maldives, tous les îlots ont été submergés.

En France, le bilan officiel fait état de quatre-vingt-quinze morts, dont de nombreux enfants. La mémoire de beaucoup d'entre eux est évoquée dans ce livre. Quatre-vingt-dix Français ont disparu en Thaïlande, quatre au Sri Lanka, un en Inde. Quatre mois après la catastrophe, plus de la moitié des corps n'avaient pas été retrouvés.

Le raz-de-marée a séparé des couples, des amis, des frères et des sœurs, des parents de leurs enfants. Des séparations aussi brutales qu'arbitraires. Ceux qui ont survécu ont parfois vu leurs proches être emportés sous leurs yeux. Ils n'ont rien pu faire. Ces souffrances ont touché à leur tour ceux qui tentaient de les apaiser. Médecins, secouristes, professionnels de l'humanitaire ou simples volontaires, ils ont eux aussi approché l'enfer.

Tous ont accepté de témoigner. Pour dire ce qu'ils ont vu et s'en libérer, pour faire mémoire, ou simplement rappeler qu'ils sont en vie. Aucun d'eux ne raconte la même histoire. Dans leur singularité, ces récits disent tous quelque chose de l'universel. Tous, ils nous ramènent aux questions essentielles.

– 1 –

ISABELLE, UGO ET TOM

« J'ai besoin de parler d'eux. Isabelle Attali, ma femme. Ugo, mon fils de huit ans. Tom, mon fils de cinq ans.

J'ai besoin de parler d'eux. C'est pourquoi je veux témoigner. Raconter ce qui s'est passé. Nous sommes arrivés au Sri Lanka le 10 décembre. Isabelle et moi sommes informaticiens et chercheurs. Nous avions été invités au Sri Lanka pour un mois, dans le cadre d'une mission scientifique. Nous sommes partis avec Ugo et Tom. C'est la première fois que nous allions en Asie tous les quatre. Nous aimons donner des cours à l'étranger. Cette fois-ci, il s'agissait d'une école de l'Unesco, située à Matara, à la pointe sud du Sri Lanka.

Les cours ont commencé le 20 décembre. Les élèves ont été adorables avec Ugo et Tom. Un jour, ils leur ont montré un serpent, long de deux mètres. Le week-end de Noël, nous étions tous invités à visiter l'intérieur de l'île. L'excursion durait trois jours. Mais il y avait six heures de bus à l'aller, et la même chose au retour. Avec Isabelle, nous avons décidé d'aller passer le week-end au bord de la mer, et de visiter le parc de Yala. C'est une très belle réserve naturelle, renommée pour ses éléphants et ses léopards.

Le jour de Noël, nous avons travaillé jusqu'à 16 heures. Puis, nous avons pris le thé avec les élèves de l'école. Eux sont ensuite partis pour leur excursion. Et nous sommes partis vers le sud-est du pays. J'avais pu réserver une chambre au *Yala Safari Beach Hotel*, un très beau *lodge*, à l'entrée de la réserve. L'hôtel était complet. J'ai insisté. On m'a proposé une chambre sans climatisation. J'ai dit que cela n'avait pas d'importance.

Nous sommes arrivés à l'hôtel vers 18 heures, le soir même. De loin, nous avons repéré les clients francophones. À côté de notre bungalow, il y avait un couple, un Belge et une femme de Singapour. Le soir, j'ai emmené les enfants à la piscine. Le Belge était là. Il a vu Ugo et Tom jouer et rire dans l'eau. Il y avait aussi une famille de Français : Bérangère et Philippe, avec leurs enfants. Eux sont partis faire un safari le matin du 26 décembre. Il fallait quitter l'hôtel à 5 heures 30 pour assister au lever du soleil, voir la nature s'éveiller, et avoir une chance d'apercevoir les animaux. Si nous étions partis au safari, nous serions encore là. Ceux qui y sont allés sont rentrés juste avant le raz-de-marée. Vers 9 heures, ils étaient sur le parking, à 200 mètres des bungalows. C'est ce qui les a sauvés.

Une fois de plus, nous avons fait un choix différent. Nous voulions nous reposer. Le 26 décembre, à 9 heures, nous étions donc dans notre chambre d'hôtel. Les bungalows de briques rouges étaient construits sur une dalle de béton, à même le sable. Au même moment, le Belge et son amie sont rentrés dans leur bungalow, à vingt mètres du nôtre. Nous avions le 114, et eux le 116. Soudain, Ugo a dit :

— Je comprends pourquoi on n'a pas le droit de se

baigner sur cette plage. Il y a des vagues qui arrivent jusqu'ici.

C'était une vague de quelques centimètres, qui a franchi une petite dune avant d'arriver jusqu'à l'hôtel. Nous ne nous sommes pas méfiés. Nous avons cru que c'était une vague un peu plus forte que les autres, sans plus. Les enfants étaient devant le bungalow. Nous leur avons dit de rentrer. À peine avions nous refermé la porte qu'une grosse vague est venue taper dans la baie vitrée. Elle a envahi la chambre. Les enfants et moi avons été violemment projetés vers le fond de la pièce. Je n'ai pas compris. Comment cette petite vague avait-elle pu nous pousser de cinq mètres en arrière, en si peu de temps ? J'ai crié à Isabelle :

— Viens vite.

Mais elle a été balayée à son tour. Elle est tombée par terre, ensevelie sous l'eau et les débris de verre. En quelques secondes, l'eau a inondé la salle de bains, où je me suis retrouvé avec Ugo. D'un seul coup, nous avons été collés au plafond. En un instant, l'eau est montée de trois mètres. J'ai attrapé Ugo par le bras, essayé de lui maintenir la tête hors de l'eau. Il me regardait fixement, sans comprendre ce qui se passait. Et puis, le plafond du bungalow s'est effondré. D'un coup. Dans un vacarme assourdissant. Nous nous sommes retrouvés sous l'eau tous les deux. J'étais à moitié assommé. J'ai perdu Ugo. J'étais sous l'eau. Je ne comprenais toujours pas. Et puis il y a eu un autre grand bruit, et les quatre murs de notre chambre se sont effondrés. J'ai senti qu'on partait très vite, emportés par un courant très puissant. Il devait y avoir quatre mètres d'eau. Nous avons été projetés dehors. J'ai pu remonter à la surface. C'est alors que j'ai vu Tom, qui avait dû être poussé à l'extérieur, lui aussi. Il était là, à côté de moi, en train de flotter. Il me regardait. Il ne comprenait pas non plus. Il avait l'air un peu perdu. Je l'ai attrapé, tout en essayant de nager avec lui pour essayer de nous en sortir. Mais le courant était trop fort. C'étaient des tourbillons. Nous étions projetés à une vitesse incroyable. Nous nous sommes violemment cognés contre un arbre. Sous le choc, j'ai perdu Tom. Où est-il allé ? Une nouvelle fois, je me suis retrouvé sous l'eau. Dès que je me hissais à la surface, j'étais aspiré à nouveau. Puis je me suis retrouvé coincé sous un arbre. Je me suis débattu pour essayer de trouver une sortie. Dix fois, j'ai cru mourir. Plusieurs fois, j'ai été tenté d'abandonner la lutte, tellement c'était dur. J'ai réussi à grimper sur un arbre, mais il s'est plié sous le poids de l'eau. Je suis reparti dans le courant. J'ai retrouvé un arbre un peu plus loin, dans lequel j'ai enfin réussi à monter. Et là, j'ai crié. J'ai appelé ma famille. Tout autour, les gens criaient aussi.

Quand l'eau s'est retirée, je suis descendu de l'arbre. J'avais des plaies ouvertes partout. J'ai cherché Isabelle, Ugo et Tom pendant près d'une heure. J'ai traversé une rivière, j'ai appelé, j'ai marché. Je n'ai pas retrouvé Isabelle. Je ne l'avais pas revue depuis le moment où elle a été balayée par la vague dans notre chambre d'hôtel, près de la baie vitrée. Je n'ai pas retrouvé non plus Ugo et Tom.

Mes pieds commençaient à me faire horriblement souffrir. Mais je voulais continuer à chercher. On m'a obligé à monter dans une jeep. Pour me conduire dans un hôpital de campagne, à Tissa. C'était un grand dispensaire, qui avait l'air d'un mouroir. Ni anesthésie, ni perfusions. J'ai cherché dans tous les couloirs, dans toutes les chambres. Mes pieds, largement tailladés, enflaient à vue d'œil. Les plaies ont commencé à s'infecter. Mon corps était couvert d'égratignures, de la tête aux pieds. Je commençais à avoir atrocement mal. J'ai tourné deux heures dans l'hôpital, à la recherche d'Isabelle, Ugo et Tom. Je n'en pouvais plus. Alors, je me suis allongé sur un lit. Plus tard, une infirmière et un médecin sont passés. Ils m'ont nettoyé les plaies comme ils pouvaient puis ont recousu dans la foulée, sur le lit, là, au milieu de tout le monde. Ils m'ont donné des antibiotiques et des antalgiques, pas très puissants. Enfin, ils m'ont badigeonné avec un drôle d'antiseptique violet. Après cela, il n'y avait plus grand-chose à faire. Seulement attendre. J'ai encore bougé un peu. Quelqu'un a dit que l'on avait retrouvé une femme et un enfant. Je suis descendu. Mais c'était Bérangère et son fils, les clients français de l'hôtel. Ils vivent à Singapour. Bérangère était sans nouvelles de son mari, Philippe, et de leur fille, Lise. Je lui ai dit que j'étais toujours sans nouvelles d'Isa, Ugo et Tom. Le Belge était là aussi. Je continue à dire « le Belge », parce qu'il ne veut pas que son nom soit cité. Il était assis sur une table, avec une blessure au bras, et il cherchait son amie qui avait disparu, elle aussi.

Son corps sera retrouvé peu de temps après, tout près du *Yala Lodge*.

Je suis sorti sur la place. Les gens m'ont entouré, ont regardé ce que j'avais, gentiment, simplement. Un homme, assez âgé, est venu vers moi. Il a enlevé ses chaussures et me les a tendues. Je l'ai remercié comme j'ai pu ; il ne parlait pas anglais ; et puis je lui ai rendu ses chaussures. Je ne pouvais pas accepter. Visiblement, cet homme n'avait rien.

J'ai passé une nuit dans cet hôpital. Je suis reparti le lendemain avec la famille de Bérangère, qui avait retrouvé Philippe, et le Belge. Ils nous ont déposés à l'Hôpital Général de Colombo. J'étais sur le point de partir sur la table d'opération quand deux envoyés de l'ambassade de France sont arrivés. Ils nous ont conduits dans un autre hôpital. Un hôpital privé, indien, situé dans un quartier chic. Il était urgent de m'opérer. L'infection avait gagné du terrain. Il fallait nettoyer les blessures, retirer le sable et les feuilles, toutes les saletés qui s'étaient glissées dans la plaie. J'ai insisté pour qu'on m'opère très vite. À 21 heures, on m'a emmené au bloc. Il était temps. Le Belge, lui, n'a pas été opéré tout de suite. Au départ, il n'avait qu'une petite égratignure au bras. Mais la plaie est devenue purulente, et l'infection a gagné les tissus. Il a dû subir plusieurs opérations, à Colombo, puis en Belgique.

C'est dans cet hôpital que j'ai rencontré Mary, une infirmière canadienne mariée à un Français. Elle m'a beaucoup aidé. Elle venait me rendre visite, m'aidait à faire quelques pas. C'était atrocement douloureux. Quand le sang redescendait dans les pieds, c'était à la limite de l'évanouissement. Surtout, elle a su trouver les mots justes.

Je suis resté dans cet hôpital jusqu'au 4 janvier. Puis, j'ai été rapatrié en France. Entre-temps, mon frère était venu me retrouver au Sri Lanka. Le reste du temps, je suis resté avec le Belge. Nous avions besoin l'un de l'autre. Lui avait retrouvé le corps de son amie. De mon côté, il était presque acquis que l'on ne retrouverait pas vivants Isabelle, Ugo et Tom. Ce genre d'événements crée des liens très forts entre ceux qui les ont vécus. Nous avons l'impression que personne ne peut vraiment nous comprendre. Le Belge et moi, nous ne nous quitterons pas. Il est déjà venu me voir à Nice. Il est même passé chez mes parents, à Nancy. Il était là aussi quand nous avons enterré Isabelle et Ugo.

Les corps d'Isabelle et d'Ugo ont été retrouvés grâce à l'ADN. Le corps d'Isabelle avait été enfoui dans une fosse commune. J'ai organisé une cérémonie interreligieuse, le lundi de Pâques. Il y avait un prêtre, un rabbin, et un moine bouddhiste qui était passé peu de temps auparavant à l'endroit où Isabelle est restée enterrée un mois, et où se trouve encore Tom.

J'ai été élevé dans la religion catholique. Isabelle était d'origine juive. Nous avions commencé à évoquer ces sujets-là avec les enfants, tout doucement. Nous voulions leur donner une base d'éducation religieuse, pour qu'ils puissent faire leur choix plus tard. De mon côté, je me définirais plutôt comme agnostique.

Même si je sais qu'il y a une part, une force, je ne sais pas vraiment quoi, mais quelque chose, oui, quelque chose que l'on ne connaît pas, qui nous dépasse. La vie après la mort..., je ne sais pas. Après ce qui s'est passé, j'ai pourtant besoin de voir plus loin. Je me pose des questions que je ne m'étais jamais posées avant. Cela m'aide, de rencontrer des gens qui croient. Même si je reste sur cette réserve agnostique.

Cet été, nous avons prévu avec Mary, Bérangère et le Belge, de passer quelques jours ensemble, dans le sud de la France. Cette idée me fait du bien. J'ai toujours aimé faire des projets. En famille, j'avais besoin de faire des projets pour nous. Des projets de vie, de travail, d'éducation. Nous avons toujours beaucoup voyagé, avec Isabelle. Je vais continuer. En faisant attention de ne pas me noyer dans le travail. Ce n'est pas une solution. Je vais essayer de mener une vie équilibrée.

Je veux créer une bourse pour aider les étudiants sri lankais à venir étudier à Nice. Ce sera la bourse « Isabelle Attali ».

J'ai la chance d'avoir des amis très proches, avec qui j'entretiens des relations fortes, profondes. Ils m'aideront. J'ai été très impressionné par les Sri Lankais. Pour certains, ils ont tout perdu. Leur famille, leur maison, leur travail. Ils n'ont pas la chance de bénéficier d'un tissu socio-affectif dense, comme le mien. Moi, j'ai une maison, un travail, un psychiatre et de vrais amis. Si je n'avais pas tout cela, je ne sais pas dans quel état je serais.

Il y a encore quelque chose que j'aimerais dire.

Quand j'étais à Colombo, sur mon lit d'hôpital, j'ai beaucoup réfléchi. J'ai été tenté par la révolte, j'ai été tenté par la haine. Mais je me suis dit que cela ne m'aiderait pas. Là-bas, sur ce lit d'hôpital, j'ai refusé deux choses. J'ai refusé de ne pas affronter la réalité. Et j'ai refusé d'en vouloir à la terre entière. C'est tellement facile d'en vouloir à la terre entière. À ceux qui savaient et qui n'ont pas prévenu les côtes asiatiques. À l'armée, qui a mis tant de temps à arriver. À Dieu ou au hasard. Cela ne tient pas, non. Je ne veux pas me complaire dans une agressivité, qui ne m'aidera pas à avancer. Ce n'est pas dans mon caractère de tendre l'autre joue quand on m'agresse. Mais là, ce n'est pas une agression. En tout cas, j'essaye de ne pas le ressentir comme une agression. Sinon je ne pourrais plus vivre.

On ne peut pas se reconstruire en essayant de revenir sur les événements qui se sont passés, en pensant que cela aurait pu ne pas arriver. Je dis « reconstruire », mais je n'aime pas ce mot. Je n'aime pas non plus le mot « refaire sa vie ». Je ne veux pas tomber dans ce piège-là, chercher à reconstruire ce qui a disparu. Ce sera toujours différent. Isabelle, je ne la remplacerai pas. Ugo et Tom non plus, je ne les remplacerai pas.

Reconstruire sa vie, non. Continuer sa vie, oui. »

DENIS CAROMEL,
41 ans, universitaire.
Antibes
(Alpes-Maritimes), France.

– 2 –

ARUGAM BAY

« — Vous verrez, de l'autre côté, c'est l'apocalypse.

Le journaliste de télévision est sous le choc. Nous venons d'arriver à Pottuvil, au sud-est du Sri Lanka, et devons rejoindre le village côtier d'Arugam Bay, à trois kilomètres au sud, de l'autre côté de la rive. C'est le meilleur site de surf du pays ; le septième « spot » du monde. Le pont qui reliait la ville et le village de pêcheurs a été emporté par la vague, il y a huit jours. Seules deux barques assurent encore une liaison entre les rives. La *Jungle Road* (la route de la jungle) est elle aussi inaccessible, à cause de la mousson.

Je suis responsable d'une équipe de la Croix-Rouge française. Nous sommes dix volontaires, et nous apportons cinq camions de matériel. Vingt voyages en barque seront nécessaires pour passer les tentes, le matériel du dispensaire et les groupes électrogènes de l'autre côté de la rive.

Arugam Bay n'a encore reçu aucune aide. Ce village de pêcheurs a pourtant perdu un quart de ses deux mille habitants. Essentiellement des vieillards et des enfants. Ceux qui ne couraient pas assez vite. Quelques vacanciers, intrigués par la vague, n'ont pas bougé. Ils ont été emportés, eux aussi. Les maisons des pêcheurs se trouvent derrière les hôtels du bord de mer. Elles ont été rasées. Toute la bande côtière a été balayée, broyée. Il n'y a plus d'électricité. Plus d'eau potable non plus, parce que les puits sont souillés. Les femmes et les enfants dorment dans une mosquée et une école. Les hommes dorment dehors. Le village est en miettes. Il n'y a plus de village.

— Vous verrez, de l'autre côté, c'est l'apocalypse.

Je ne le croyais pas. Maintenant, je sais.

Nous entrons dans Arugam Bay par une route boueuse et défoncée. Des dizaines de corbeaux planent au-dessus de nos têtes. Le temps est pluvieux, venteux. Traînent partout des objets de la vie quotidienne, brisés, éparpillés, sortis de leur contexte. Ici, un lit au milieu de la route. Là, des jouets pour enfants. Là encore, une ardoise de bar indiquant l'heure de l'*happy-hour*. Dans un fossé, gît une petite coccinelle jaune, renversée. Je ferme les yeux. J'essaye d'imaginer la vie d'avant. Les enfants concentrés sur leurs jouets, ou couchés dans leurs petits lits de bois foncé ; les surfeurs bronzés et tatoués, attablés devant une bière ; les femmes devant leurs maisons, en train d'éplucher des légumes. Plus rien de tout cela ici. C'est fini.

Au bord de la route, des hommes au visage sombre ont l'air de fouiller dans les décombres, à mains nues. Lentement, ils prennent une pierre et vont la poser sur un tas, puis ils prennent une autre pierre et la posent sur un autre tas. Je me demande ce qu'ils font. Peut-être cherchent-ils quelques souvenirs dans les ruines de leurs maisons. Dans la rue, nous croisons des habitants prostrés. Depuis le tsunami, le village vit en autarcie. J'ai l'impression que le temps s'est arrêté.

Un seul endroit bouge et vit encore : l'hôtel *Siam View*.

La sécurité civile française est passée à Arugam Bay. Elle a laissé un générateur en partant. Tout le village vient regarder ici la seule télévision qui marche encore.

L'une des images qui passe en boucle a été tournée à Arugam Bay. Je reconnais l'endroit. Les journalistes disent que les aides affluent du monde entier. Mais huit jours après la catastrophe, personne, exceptée la sécurité civile française, n'a encore mis les pieds dans ce petit village de pêcheurs. La population se sent abandonnée. Coupée du reste du monde. Nous décidons d'installer notre dispensaire dans les dépendances de l'hôtel, qui tiennent à peu près debout. Le vrai dispensaire sert de morgue et je refuse une installation sous tente, à cause de la boue. Les conditions d'hygiène ne seraient pas garanties. Les équipiers s'installent dans une très grande chambre de l'hôtel, une sorte de suite qui devait être magnifique… avant la vague. Nous y installons quatre lits de camp.

La population est prostrée. Certains passent leurs journées assis sur les ruines des maisons, les yeux fixes. Je n'arrive pas à réaliser que le tsunami est une catastrophe mondiale. J'ai l'impression que la vague n'est venue qu'ici, marquant à jamais cette petite communauté de pêcheurs sri lankais. Comment penser que toute l'Asie du Sud-Est est à l'image de ce que je vois ici ?

Pour mon équipe, c'est un baptême du feu. Cela fait deux ans que nous nous préparions à partir. C'est notre première mission ensemble. La première fois aussi que je suis chef d'équipe à l'étranger. Je suis volontaire à la Croix-Rouge française depuis l'âge de dix-huit ans. Petite, j'avais été fascinée par les infirmières parties en Éthiopie, pendant la grande sécheresse de 1985. Depuis j'ai toujours rêvé de travailler dans l'humanitaire. J'aime partir. Mon ami, Pierre, a la même passion que moi. Lui aussi est volontaire pour la Croix-Rouge.

Il est spécialiste des télécommunications. À la naissance d'Agathe, nous nous sommes promis que nous continuerions à partir, à tour de rôle. C'était il y a un an. La Croix-Rouge nous a appelés le 27 décembre. C'était mon tour. J'ai dit oui.

En arrivant au Sri Lanka, nous avons dû attendre plusieurs jours à Colombo. L'aide arrivait du monde entier, et le matériel restait bloqué à l'aéroport des jours entiers. Nous apprenons que le sud du pays est déjà investi par des dizaines d'ONG, arrivées avant nous. Nous devons donc choisir une autre destination, nous éloigner des zones les plus visitées. Nous optons pour l'est du pays, où le tourisme n'est pas encore très développé, à cause de la guerre civile. Il nous faudra deux jours pour traverser le pays. Nous croisons des dizaines d'éléphants en chemin. Il faut que je pense à raconter tout cela à Agathe… ! La route est magnifique. Nous arrivons à Arugam Bay le 4 janvier, tôt dans la matinée.

Notre mission ici est double : soigner la population, qui n'avait encore reçu aucun soin ; et traiter l'eau. Nous rencontrons quelques touristes européens.

— Vous avez besoin d'un coup de main ?

Andréa est Italien. Il a une vague tatouée dans le dos. C'est un surfeur. Il a vu ses amis se noyer sous ses yeux. Quand la vague est arrivée, tous ces surfeurs se reposaient dans leurs bungalows, posés sur le sable, au bord de l'eau. Andréa a entendu un drôle de bruit, il est sorti. Il a vu la vague arriver, s'engouffrer dans les bungalows voisins du sien, et emporter ses amis qui criaient. Par miracle, son bungalow est resté debout. Il n'a toujours pas compris pourquoi. Andréa est marqué à vie. Dans sa poche, il garde sa montre qui s'est arrêtée dans les flots. Il dit que c'est la *tsunami hour*.

— J'aimerais vous aider, répète-t-il.

Nous acceptons. Il récurera les puits. Pendant ces quelques jours, Andréa se réfugie dans le travail. Une thérapie. La nuit, il fait des cauchemars. Le jour, il répète indéfiniment les mêmes mots. Pose les mêmes questions. Cherche les mêmes réponses.

— Pourquoi ?

Andréa est en plein choc post-traumatique. Un autre touriste, français, a l'air très affecté, lui aussi. Comme Andréa, il a vécu quelque chose de très dur. Alors qu'il tentait de s'échapper des flots, il a vu un autre touriste passer devant lui, emporté par la vague. Il lui a attrapé la main, l'a tenu un instant, avant d'être obligé de la lâcher, épuisé. L'homme a été emporté par les flots. Le jeune touriste français s'est retrouvé avec la carte d'identité du disparu dans la main.

— Que puis-je faire pour cet homme ? répète-t-il.

— Tu as fait ce que tu as pu.

— Je veux faire une dernière chose pour lui.

Il se sentait responsable. Finalement, il a décidé de partir à Colombo pour prévenir la famille du disparu, et raconter ce qui était arrivé, ce qu'il avait vu.

Le dispensaire, installé dans les dépendances de l'hôtel, fonctionne bien. Nous travaillons en étroite collaboration avec le directeur de l'hôpital. Après plusieurs jours d'observation, il a compris que nous n'étions pas là pour juger son établissement et ses pratiques. Le fait d'être une femme, non médecin, ne m'aide pas à prendre les contacts. Je décide de mettre ma susceptibilité dans ma poche et demande au médecin de l'équipe d'assurer ce rôle de représentation et d'interface avec les autorités locales. Nécessité fait loi.

Nous recevons entre cinquante et cent personnes par jour. Les habitants d'Arugam Bay souffrent de différents maux : infections respiratoires, suites de blessures non soignées, troubles du sommeil ou encore décompensations psychiatriques. Beaucoup sont en état de prostration ou de sidération. D'autres se sentent coupables. Coupables d'être en vie. Quand nous avons commencé à prodiguer des soins, personne ne parlait de la vague, ni de ses conséquences. Et puis, petit à petit, ils ont commencé à raconter. Tous les jours, ils reviennent au dispensaire, pour des blessures superficielles. C'est de parler qu'ils ont besoin. Il y a des grands frères et des grandes sœurs, avec des bébés dans les bras ; leurs parents n'ont pas survécu. Il y a surtout beaucoup d'hommes seuls.

— Hier, j'avais une maison, une femme, des enfants, nous disent-ils. Aujourd'hui, je suis tout seul. Qu'est-ce que je vais faire ?

Pour nous, c'est le plus difficile… Cette impuissance. C'est tellement satisfaisant de pouvoir apporter une aide, faire avancer les choses. Mais là, que pouvons-nous faire ? L'aide matérielle ne ramènera pas les êtres chers. Nous travaillons à quelques mètres de la mer. Chaque matin, elle rejette un ou deux cadavres. Je tiens le coup. J'apprends qu'en cas de réplique, une sonnerie alertera la population. Mais nous devons rester vigilants. Des chiens errants menacent la sécurité des villageois. Le directeur de l'hôpital de Pottuvil demande aux vétérinaires de les abattre. Ils ont des fusils.

Je transmets mes rapports la nuit, par satellite. J'en profite parfois pour donner des nouvelles à ma famille. En France, il neige. Agathe a passé son premier réveillon de la Saint Sylvestre. Sans moi. Les machines à traiter l'eau sont arrivées, mais nous avons dû attendre encore plusieurs jours avant que ne soient livrés les jerricanes propres. Rien ne se fait encore pour la reconstruction des maisons. Les habitants n'ont aucun outil à leur disposition. Ils ne savent même pas s'ils auront le droit de reconstruire au même endroit ou plus loin du rivage. Les pêcheurs s'impatientent. Des journalistes et des représentants des ONG, chargés de « faire des évaluations », hantent la zone depuis deux semaines, sans qu'aucune aide concrète ne soit apportée.

Je dois me faire une raison : nous ne pourrons pas tout faire. Cette mission me donne des limites, mes limites. Nous avons fait ce que nous avions à faire. Nous ne pouvons pas faire plus. Plus de quinze jours ont passé. Notre mission d'installation s'achève. D'autres prendront la relève. Nous sommes convenus avec le directeur de l'hôpital de Pottuvil que la Croix-Rouge s'occuperait du dispensaire d'Arugam Bay jusqu'au rétablissement du pont. La fin des travaux est prévue pour le mois de mai.

Je rentre à Paris. J'ai l'impression d'arriver du bout du monde. C'est comme si le temps s'était arrêté. J'arrive chez moi dans la nuit. J'entre dans la chambre de ma fille. Elle se réveille tout de suite. Elle est belle. Elle a grandi. Je crois que moi aussi. »

MARIE JACQUART,
29 ans, infirmière.
L'Hay-les-Roses
(Essonne), France.

– 3 –

DANS CES BARS-LÀ

« Je n'ai plus de larmes.

Je crois que j'ai pleuré pour dix ans.

Je suis rentré en France, mais d'une certaine manière, je suis encore un peu là-bas.

Je suis parti en Thaïlande sur un coup de tête. J'ai travaillé un an à Bangkok, j'y ai gardé beaucoup d'amis. Le 24 décembre, à 10 h 30, je suis entré dans une agence de voyage. Je suis ressorti avec un billet en poche. L'avion décollait l'après-midi.

Je suis arrivé à Phuket le 25 décembre.

Le 26, je me suis levé tôt, et j'ai rejoint mes amis au bord de la mer. Nous avons pris un petit-déjeuner, à l'extrémité de la plage de Patong, tout près du pont qu'il faut emprunter pour gagner les hauteurs de Phuket.

La journée était magnifique.

Soudain, plus un bruit. Puis, un drôle de brouhaha.

Nos tasses de café à la main, nous avons vu la mer monter. L'eau s'est arrêtée, puis brusquement, elle s'est retirée. Avant de revenir en force. Un mur de sept mètres de haut. Nous nous étions réfugiés sur les hauteurs. Il nous avait suffi de traverser le pont. Il y avait beaucoup de monde. Des blessés. Certaines coupures étaient profondes. Nous les avons aidés à monter jusqu'aux hôtels qui dominent la baie. Tout le monde y allait de son explication, mais personne ne savait ce qui s'était passé.

Nous sommes restés là-haut toute la matinée. Personne n'osait redescendre sur la plage. Finalement, je suis parti en ville avec un ami. Des bateaux renversés, des voitures encastrées dans les hôtels, de l'eau partout, qui envahissait tout. Des dégâts considérables. Mais pas une seconde, nous n'avons pensé au bilan humain. Nous ne voyions pas de corps. Je n'ai toujours pas compris pourquoi. Peut-être les corps avaient-ils été enlevés par la mer. Ou peut-être étaient-ils tous ensevelis sous les décombres. Des gens erraient dans les rues, hébétés. La vague les avait séparés d'un proche, ils cherchaient.

Nous étions coupés du monde. Il n'y avait plus d'électricité. Les téléphones portables ne marchaient plus. Nous avons fait le tour de la ville avec une feuille de papier. Quand nous croisions des gens, nous prenions leurs noms et leur nationalité, pour aider les uns et les autres à se retrouver. Dans mon hôtel se trouvait un Danois qui avait été séparé de sa femme. Il est resté prostré toute la journée. Impossible de le faire boire ou manger. Nous sommes partis faire le tour des hôpitaux pour essayer de la retrouver.

Sur les marches du premier hôpital, il y avait des traces de sang. Ce n'est qu'à cet instant-là que j'ai compris que c'était grave. Et puis, j'ai vu. J'ai vu des cadavres. Des centaines de cadavres empilés dans la salle d'attente. Des camionnettes arrivaient sans arrêt pour décharger des corps. Le personnel de l'hôpital était dépassé. Nous avons rebroussé chemin. Le Danois était toujours là, prostré. Nous l'avons réconforté comme on a pu, mais le cœur n'y était plus. Je l'ai quitté une minute pour aller chercher une bouteille d'eau dans ma chambre. Quand je suis revenu, il était à la même place, sur l'escalier. Enlacé avec sa femme. Elle avait fait le tour des hôtels, et avait fini par le retrouver. Nous avons tous pleuré.

J'avais prévu de rester une semaine. Je n'ai pas voulu écourter mon séjour. Je n'ai perdu personne, mais beaucoup de mes amis ont tout perdu. Je les ai aidés comme j'ai pu. Surtout au début. Ensuite, l'armée et les ONG sont arrivées, et nous les avons laissés travailler. Chaque matin, la mer rendait des corps. À l'heure du raz-de-marée, il y avait déjà du monde sur les transats de la plage de Patong. Lorsque l'eau s'est retirée, beaucoup de vacanciers, fascinés, se sont approchés pour essayer de comprendre ce qui se passait. Quand la vague est revenue, elle a tout balayé. Plusieurs supermarchés de Phuket sont situés en sous-sol. Les clients et les employés sont morts noyés. Ils n'ont sans doute jamais compris ce qui leur arrivait. Les corps étaient restés plusieurs jours dans une eau stagnante. Ils étaient méconnaissables. Il était impossible de distinguer s'il s'agissait d'un homme ou d'une femme, d'un Européen ou d'un Asiatique. J'étais devenu insensible. Je me dis que si l'on s'habitue à cette vision-là, c'est que l'on s'habitue à tout. Pour moi, c'est le plus difficile à admettre.

Partout, les gens erraient, à la recherche d'informations concernant une femme, un fils, un ami. Des avis de recherche étaient collés sur tous les murs de Phuket, dans les lieux publics. Des centaines de photos. Autant de lueurs d'espoir. Et tous ces mots, griffonnés à la hâte. « Je vous en supplie, si vous l'avez vu, appelez, appelez... » L'impuissance est insupportable. Ne pas pouvoir aider à retrouver un disparu, ne pas pouvoir rassurer quelqu'un qui cherche.

Le soir, le quartier sinistré se trouvait dans le noir complet. En bord de mer, l'électricité avait sauté. Dès 18 heures, il n'y avait plus personne, pas un bruit. Plus loin, des groupes électrogènes avaient été amenés. Des bars avaient rouvert. Il y avait des filles qui dansaient sur les comptoirs. Les clients les regardaient. Ceux qui étaient venus en Thaïlande pour ça étaient toujours là pour ça. Un soir, je suis resté devant l'un de ces bars, et j'ai pleuré. Je ne veux pas juger. La télévision diffusait en boucle les images du raz-de-marée, et dans ces bars-là, on faisait comme s'il ne s'était rien passé.

Quand je suis rentré à Paris, la cellule de crise nous attendait. On m'a donné une couverture de survie. Je ne me suis pas arrêté. Dès le lundi, je suis retourné travailler. Le plus difficile pour moi, c'est de rester avec mes questions. Pourquoi ai-je survécu ? Comment de telles atrocités peuvent-elles se produire ? Comment peut-on retourner dans un bar trois jours après ça ? Je ne comprends toujours pas.

Quand je suis rentré, ma mère m'a serré dans ses bras. J'ai senti qu'elle avait eu peur. J'ai senti aussi toute la peine qu'elle aurait eue si je n'étais pas rentré. J'ai senti tout cela, et j'ai pleuré.

J'ai pleuré longtemps, sans pouvoir m'arrêter. »

FRANCK MANIFACIER,
39 ans, chef d'entreprise.
Paris, France.

– 4 –

LE SILENCE DE LA MER

Elle

« C'est la dernière fois que l'on raconte. La dernière fois que l'on témoigne. Cela fait remonter trop de choses.

Lui

Depuis la catastrophe, nous avons fait le tri dans nos amitiés. Certains amis n'ont pas donné signe de vie. D'autres, au contraire, ont remué ciel et terre pour avoir de nos nouvelles. Ces marques d'amitié nous ont touchés.

Elle

Cela fait quatre ans que nous allons aux Maldives. Cette année, nous avions décidé d'y passer Noël. Nous avons déniché une île à la Robinson Crusöe – 300 mètres de long sur 240 mètres de large – dans l'atoll d'Ari. Un îlot-hôtel loin de tout, au milieu d'un lagon magnifique. Nous avons réservé un bungalow sur la plage, au bord de l'eau. C'est un très beau voyage. Nous sommes tous les deux en fin de carrière. Notre fils vit sa vie. La maison est payée. Maintenant, nous voulons découvrir le monde.

Lui

Les Maldives, c'est plus de deux mille îles. Elles ne sont pas toutes habitées. Certaines sont des poussières d'îles, microscopiques, et chacune remplit une fonction particulière. Il y a une île aéroport, une île prison, une île poubelle. Et puis, il y a soixante îles entièrement réservées au tourisme. L'île que nous avions choisie est réputée pour les tortues et le requin-marteau.

Elle

Nous sommes arrivés à Malé le 20 décembre. Sur l'île aéroport, il n'y a qu'une piste d'atterrissage, et un embarcadère pour les bateaux. Depuis Malé, il a trois possibilités pour rejoindre les îlots : prendre une vedette rapide, prendre le dhoni, un petit bateau maldivien, ou monter dans un hydravion. Nous n'avons pas le pied marin. Nous avons pris l'hydravion. Notre île était en plein milieu de l'océan indien. Le rêve. Les premiers jours, nous partions plonger vers 9 heures, avec un masque et un tuba. Les jours suivants, nous plongions dès l'aube. C'est la meilleure heure. L'océan est plus calme, il n'y a pas encore l'agitation des plongeurs ou des bateaux qui font la liaison entre Malé et l'île. C'est magique de réveiller les raies et les tortues. On nage au milieu d'un aquarium géant. Des poissons de toutes les couleurs, de toutes les tailles. Des longs, des plats, des à raies, des à pois, des jaunes, des verts, des rouges, des fluos. Il y a même des requins, inoffensifs, et des raies aigles… On n'arrive pas à nager tellement il y en a.

L'après-midi, nous plongeons moins. La mer est plus agitée, la visibilité moins bonne. L'île est protégée par une barrière de corail, à 50 mètres de la plage. Pour accéder aux fonds sous-marins, il faut se faufiler dans des couloirs, des « passes », indiquées par de grands piquets en acier. L'après-midi, les courants attirent les plongeurs vers le corail, c'est dangereux. Si l'on se griffe sur un corail, il crache un venin qui infecte la plaie. La cicatrisation est très longue. Il faut faire très attention.

Lui
Aux Maldives, il fait toujours beau ! Il n'y a pas de mousson, pas de tornades, pas de typhons. Pas de voitures non plus, et pas de radio. C'est une véritable coupure avec le monde du travail.

Elle
Le soir de Noël, les Maldiviens nous avaient préparé un cochon grillé. Ils avaient déguisé un cocotier en sapin, avec des décorations en feuilles de filaos. On nous a servi du vin blanc et de la grenadine dans des coupes de champagne. Pour une fois, les touristes s'étaient bien habillés : les femmes en robe ; les hommes en pantalon de toile et en chemisette.
Le 26 décembre, nous décidons de ne pas nous baigner le matin. Tu te souviens, tu avais attrapé un méchant coup de soleil.

Lui
Je t'ai dit que je n'irai pas plonger.

Elle
J'étais déçue. J'ai essayé de te convaincre. Je ne voulais pas y aller toute seule. De toute façon, il vaut mieux ne pas plonger seul.

Lui
Je t'ai dit d'y aller avec les Allemands. Un jeune couple charmant, qui occupait le bungalow d'à côté.

Nous avions exactement le même rythme. Chaque matin nous les croisions au petit-déjeuner, et nous plongions aux mêmes heures. Nous ne parlons pas allemand, et eux ne parlaient pas anglais. On se contentait de se faire des petits signes et des grands sourires.

Elle

Tu t'installes donc sur la plage, avec un livre, et ta casquette. Et puis, au dernier moment, je décide ne pas aller plonger. Je m'installe à côté de toi, sur un transat. Il doit être 8 heures 45.

Vers 9 heures, nous regardons la mer. Il n'y avait plus un bruit.

Un silence assourdissant.

Tu me dis :

— Tu as vu la mer, elle est bizarre.

Nous regardons en direction de la barrière de corail.

— Tiens, c'est curieux, les grands piquets d'acier qui indiquent les « passes » aux plongeurs ont disparu.

On se lève, on s'approche.

D'un seul coup, la mer monte. Elle arrive vers nous.

Ce n'est pas une vague, non. Plutôt une marée, étrangement haute. Nous courons vers l'intérieur de l'île.

Lui

La marée nous suivait.

Elle

Nous nous sommes arrêtés à côté d'un arbre. L'eau arrivait aussi, charriant des morceaux de bois, des chaises longues, des bouts de plastique. Je me disais : mais d'où elle vient, cette mer ? L'eau est arrivée sur nous, à hauteur des cuisses, et a traversé l'île de part en part. Nous ne savions pas ce que c'était. Peut-être un gros cargo qui passait au large…

Et puis, la mer s'est retirée. Nous sommes retournés sur la plage. Il n'y avait plus d'eau, le lagon était sec. Les poissons se tortillaient sur le sable. Les gens couraient, prenaient les poissons dans leurs mains, les déposaient dans les flaques d'eau. Il n'y avait pas d'affolement.

Et puis d'un seul coup, dans un grondement terrible, on a vu la mer revenir.

Elle fulminait.

Il y avait de l'écume. L'eau était sale. Elle drainait un tas de cochonneries. Elle arrivait sur nous comme un torrent, dans un bruit assourdissant.

Lui

Elle arrachait tout sur son passage.

Elle

Cette fois, on savait ce qui allait se passer. Une nouvelle fois, nous avons couru au milieu de l'île. Tout le monde s'est accroché à un arbre.

L'eau avait encore monté, elle nous arrivait à la taille. Le courant était terrible. Je tenais l'arbre, fort, fort. Les gens criaient.

Et puis, plus un bruit.

Je me suis dit : « Ça y est, c'est le moment de mourir. »

Lui

Nous étions à 30 mètres l'un de l'autre, chacun accroché à un arbre. On ne se disait rien, on s'observait.

Elle

Nous nous sommes rencontrés en 1967, dans le lycée où nous enseignons encore aujourd'hui. Accrochée à mon arbre, je me disais que nous avions été heureux. Je me disais aussi que je ne reverrais plus notre fils Grégory. Il a trente-deux ans. Il n'est pas encore papa. J'ai pensé à ma mère, qui resterait toute seule dans sa maison de retraite. Je me disais que moi, je n'irais pas en maison de retraite. C'est bizarre les choses auxquelles on pense dans ces moments-là.

Et puis, je te regardais, et tu me regardais.

Mais on ne se parlait pas.

On aurait pu crier : je t'aime ! Mais on ne disait rien. On se regardait, c'est tout. Ce n'était pas une peur où l'on crie, où l'on s'affole, mais un calme, une attente passive, silencieuse, comme une fatalité. Nous ne savions pas si nous allions vivre ou mourir. Nous attendions, avec une sorte de curiosité.

Lui

C'est vrai, on se regardait sans se parler. Ça faisait mal, à force, de se regarder comme ça. Moi aussi, je pensais à Grégory. Et je voyais défiler tous les visages des gens que j'aime. En quelques minutes, on a le temps de penser à beaucoup de choses. Souvent, je rêve que je m'enfonce dans l'eau, comme une spirale. Je n'ai plus rien dans la peau. Je rêve que je deviens liquide… Devant la nature, nous ne sommes rien.

Elle

Je crois un peu en Dieu, car j'ai été élevée dans la religion catholique. Mais nous ne pratiquons pas. Pourtant, j'ai eu le réflexe de prier. J'ai dit : « Mon Dieu, s'il vous plaît, laissez-nous vivre. » Je tremblais. Je ne pouvais plus me contrôler. Je me parlais à moi-même. Je me disais : « Marie-Claude, tu es prof de gym, tu demandes à tes élèves de sauter d'un plongeoir de cinq mètres et de ne pas paniquer. Quand même, contiens-toi ! Je n'y arrivais pas. » J'avais peur, c'est tout.

Et puis, la mer s'est retirée, exactement comme la première fois.

La gérante de l'hôtel est arrivée vers nous, paniquée. Une toute jeune femme. C'était son premier poste de gérante. Elle nous a expliqué qu'il y avait eu un tremblement de terre. *A big one, a big one* (un gros, un gros), elle disait. On se sentait tout petit. Et puis, elle a parlé de réplique. *Replay.*

Nous étions toujours accrochés à nos arbres. On ne se parlait toujours pas. On ne se disait pas que l'on avait peur. Nous étions chacun de notre côté.

Lui

C'est vrai. Nous n'avons pas eu le réflexe de nous rapprocher, de nous accrocher au même arbre. Peut-être que par instinct, chacun a cherché à sauver sa peau. Je ne sais pas. C'est comme ça que je l'explique.

Elle

C'est peut-être ça. Dans ces cas-là, on ne pense pas aux autres. On ne pense qu'à soi. On pense : il faut que je m'en sorte. On ne pense à rien d'autre.

Lui

Sur notre île, il n'y a pas eu de morts. Mais les Allemands, qui étaient partis plonger ce matin-là, avaient disparu. Tous les jours, nous demandions à la gérante de l'hôtel si elle les avait vus. Elle disait non.

Elle
Depuis, je ne cesse de m'interroger. Je me demande ce qui se serait passé pour moi si j'avais été plonger avec eux, ce matin-là. Aurais-je été portée disparue, moi aussi ? Est-ce ce coup de soleil qui nous a sauvés ? Pourquoi ne suis-je pas partie plonger, ce matin-là, alors que j'adore ça ? Aujourd'hui, je crois au destin.

Lui
Il n'y a pas eu de troisième vague.

Elle
Nous avons fini par revenir du côté des bungalows. Le nôtre était dévasté. Toutes nos affaires avaient été emportées. Il nous restait un bermuda chacun, celui que nous avions mis de côté pour le voyage du retour.

Lui
On a beaucoup observé la mer ce jour-là.

Elle
Nous avons veillé toute la nuit. Il n'y avait plus d'électricité, mais la lune éclairait la mer. C'est toi qui as commencé le tour de garde. J'ai été me reposer sur le lit, trempé. J'écoutais les gouttes qui faisaient floc en tombant sur le sol, à intervalles réguliers.

Lui
On a scruté la ligne d'horizon toute la nuit. Il y a eu une tempête. Au petit matin, le ciel et la mer se sont

calmés. Une journée magnifique. Comme si de rien n'était. Nos billets de retour étaient pour le lendemain, le 28 décembre. Mais il n'y avait plus d'hydravions, plus de bateaux non plus. L'aéroport de Malé était complètement détruit. Le balisage lumineux avait court-circuité. Nous étions coincés.

Nous avons pu prévenir notre fils. Je lui ai dit que ça n'allait sûrement pas se savoir en France mais qu'il avait eu un raz-de-marée. Je l'ai rassuré. Nous n'avions pas compris qu'il s'agissait d'une catastrophe mondiale.

Elle

Petit à petit, nous avons compris. On nous a dit qu'il y avait beaucoup de morts en Indonésie et au Sri Lanka. Qu'il y avait beaucoup de morts en Thaïlande. Le lendemain, au coucher du soleil, un hydravion est venu nous chercher. Nous sommes arrivés à Malé en petite tenue. L'aéroport avait été réparé. Les touristes étaient secoués.

Lui

Il y a eu plus de quatre-vingts morts aux Maldives.

Elle

Nous avons pris un avion le soir. Une compagnie italienne. Un avion affrété par le gouvernement français a fait escale à Malé, mais il était plein de blessés qui venaient de Colombo. Nous sommes arrivés à Milan à trois heures du matin.

Lui

Et puis, Paris, enfin. Il faisait très froid. Nous

sommes passés par la cellule de crise, à Roissy. Il y avait des médecins, des psys, des gens de la Croix-Rouge et du Secours catholique, qui nous proposaient des vêtements. On nous a rhabillés de pied en cap.

Elle
Les psys étaient très gentils. Je leur ai dit que nous n'avions rien. Ils m'ont dit que cela n'avait pas d'importance, que je pouvais leur parler quand même. Ils étaient très doux, très attentifs. Mais toi, tu n'as pas voulu les voir. Tu es plus introverti que moi.

Lui
Je ne voulais pas parler à ces gens que je ne connaissais pas. Et puis, j'avais peur que l'on amplifie ce que l'on avait vécu. Les Maldives ont été beaucoup moins touchées que les autres pays. Nous l'avons compris plus tard. En rentrant à la maison, j'ai beaucoup parlé au téléphone, beaucoup raconté. Pendant deux jours, ça sonnait dès qu'on raccrochait.

Elle
Tu vois, tu avais besoin de parler, toi aussi.

Lui
Oui, ça se vidait, là.

Elle
Depuis, mes nuits sont agitées. Je rêve que je suis en prison. Je lève les yeux sur des barreaux qui sont très hauts. Je tends les mains vers la liberté. Mais de l'eau glisse sous la porte. Elle monte, elle monte. Je m'accroche aux barreaux. L'eau monte encore. Je me réveille en sueur.

Lui

Notre fils vit à Paris. Mais il est venu nous voir le soir de notre arrivée. Il voulait nous toucher. Cette expérience a été un choc pour nous. Nous avons eu une vie plutôt heureuse. Nous n'avons jamais souffert de la mort d'un proche. Jamais connu de drame.

Elle

Là, nous n'avons pas souffert dans nos corps mais dans nos âmes. D'abord parce que nous avons cru mourir. Et puis, parce que nous laissions derrière nous les Maldiviens. Comme les autres touristes, nous sommes rentrés chez nous. Mais eux, les habitants de la zone sinistrée, ils sont restés. Beaucoup ont tout perdu.

Trois mois après, les médias n'en parlent plus. On ne sait plus ce qui se passe là-bas. L'événement est banalisé. Pourquoi les journalistes ne font-ils pas un point une fois par semaine, ou une fois par mois ? Ils devraient retourner dans les villages que l'on a vus sur toutes les chaînes les jours qui ont suivi le tsunami. Que sont devenus les habitants ? Les écoles ont-elles rouvert ? L'argent envoyé est-il dépensé ? Où, comment ?

Lui

Oui, nous avons besoin d'informations.

Elle

Depuis que nous sommes rentrés, je relativise beaucoup de choses. Je crois que le jour où nous serons confrontés à une réalité difficile, nous serons mieux préparés.

Lui
Moi, je crois que j'ai mûri. Toi aussi.

Elle
(...)

Lui
Quand nous avons quitté l'île, nous n'avions toujours pas de nouvelles des Allemands. Plusieurs fois, j'ai voulu appeler notre hôtel, pour leur demander des nouvelles. Je voulais en avoir le cœur net. Et puis à chaque fois, j'ai reposé le combiné. Je me disais que j'appellerais le lendemain.
Le temps a passé. Je ne le ferai sans doute jamais.
Je crois que je ne veux plus en entendre parler. »

MARIE-CLAUDE BULTHEEL,
58 ans, professeur
d'éducation physique et sportive.

FRANCIS BULTHEEL,
59 ans, professeur d'électro-technique.

Chartres (Eure-et-Loir), France.

– 5 –

UN AVANT, ET UN APRÈS

« C'est par la radio que j'ai appris ce qui s'était passé en Asie. Comme tout le monde, je n'en ai pas vraiment mesuré l'ampleur. Au cours de la journée, les nouvelles étaient de plus en plus inquiétantes. Le soir même, j'ai reçu un coup de téléphone du SAMU de Seine-Saint-Denis. Les rescapés étaient attendus dès le lendemain à l'aéroport de Roissy. À la demande du ministère des Affaires étrangères, le préfet venait de déclencher la mise en place d'un dispositif d'accueil. J'étais responsable de la cellule médico-psychologique.

J'avais l'expérience du dispositif déjà mis en place pour les ressortissants français rapatriés de Côte d'Ivoire, moins de deux mois auparavant. J'ai aussitôt constitué une équipe de professionnels : psychiatres, psychologues, et infirmiers psy formés à intervenir en situation d'urgence. Le lendemain matin, à cinq heures, nous étions une dizaine à l'aéroport de Roissy.

Parmi les rescapés, beaucoup étaient en état de choc. Mais il faut se garder des généralités. Le traumatisme ne dépend pas du degré d'horreur d'une situation, mais de l'effet produit sur l'individu. Certains m'ont dit n'avoir rien vu, ne pas avoir souffert de la vague, mais avoir été désespérés par l'absence de solidarité, par exemple. D'autres, au contraire, ont vu la vague, mais ont pu se mettre à l'abri, et quitter rapidement la zone sinistrée, sans se retourner.

Tout le monde a vécu le même événement. Pourtant, jamais deux personnes ne m'ont raconté la même histoire. Même lorsqu'elles s'étaient trouvées au même endroit. Je pense à ces deux personnes qui étaient côte à côte sur le balcon de leur hôtel. Elles ont vu l'eau monter. Elles ont vu les gens être emportés par la vague et se noyer. L'une a caché sa tête dans ses mains. L'autre, paralysée, n'a pas pu s'empêcher de regarder. Elle a croisé le regard d'un enfant qui tendait la main vers elle, qui appelait, mais elle n'a rien pu faire. L'enfant s'est noyé. La première de ces personnes est rentrée un peu choquée ; la seconde, profondément traumatisée.

Pour simplifier, je dirais que le traumatisme intervient lorsque l'on entrevoit, l'espace d'un instant, une image de sa propre mort. C'est d'ailleurs ce que certaines personnes m'ont dit : « Je me suis vu mort. » Cette expérience provoque un grand sentiment d'effroi. Il n'y a pas de mot pour le décrire, pas de mot pour le penser, pas de mot pour le partager. Ces personnes ont l'impression que l'on ne peut pas les comprendre. Elles se sentent très seules. Après quelques mois, leurs proches ont souvent du mal à comprendre ce qui se passe : « Tu t'en es sorti, tu n'as perdu personne, tu devrais aller bien maintenant. » C'est un événement que l'on vit complètement seul, et qui vous change pour toujours. Les individus qui ont vécu un traumatisme vont devoir se métamorphoser, trouver un nouvel équilibre. Dans leur vie, il y aura un avant, et un après.

C'est aussi le cas pour tous ceux qui ont vécu des deuils traumatiques, des deuils « anormaux ». À cause du raz-de-marée, certaines personnes ont perdu plusieurs de leurs proches en même temps. La perte a été brutale, elle n'a pas pu être anticipée, il a été impossible de s'y préparer. Il y a aussi les deuils qui ne respectent pas l'ordre des générations. Les deuils d'enfants ou de petits-enfants sont particulièrement difficiles à supporter.

Dans tous ces cas, le travail de deuil sera long. Le travail de deuil, c'est ce processus d'élaboration psychique qui fait qu'après un certain temps, la personne endeuillée va pouvoir commencer à s'intéresser à de nouvelles choses, à de nouvelles personnes, à trouver de nouveaux objectifs pour sa vie. La fin du travail de deuil ne signifie pas la fin de la douleur. La douleur liée à la perte demeure, mais elle ne réapparaît qu'à certaines occasions : un anniversaire, un autre deuil ou une commémoration, par exemple. Après le tsunami, certaines personnes ont été amenées à revoir complètement leurs projets. Il leur faudra parfois des années avant de retrouver le goût de vivre. D'autres vont choisir de s'investir dans des associations, de s'engager pour une cause. Elles racontent parfois que ces épreuves les ont amenées à réorienter leur vie dans un sens positif.

Il est souvent délicat d'intervenir en situation d'urgence. Chez certaines personnes, une réaction forte peut très bien intervenir dans les premiers jours, avant que les choses ne rentrent ensuite progressivement dans l'ordre. En revanche, il arrive que des personnes qui n'ont pas de réaction particulière après l'événement développent des troubles de manière différée, parfois des mois plus tard. D'où l'importance d'un suivi psychologique.

La cellule a fonctionné du 27 décembre au 11 janvier. Pendant toute cette période, environ quarante professionnels se sont relayés. Près de quatre cents rescapés sont venus nous consulter.

Certains récits m'ont bouleversé. Il est parfois difficile d'entendre ce qui nous est raconté. Dans ces cas-là, il faut dès que possible s'en ouvrir aux autres psychiatres de la cellule. Nous avons passé beaucoup de temps à discuter entre nous, à échanger sur la façon dont nous affrontions ces souffrances. Un tel travail est nécessaire pour rester efficace, pour continuer à aider ceux qui viennent nous voir. Les gens n'attendent pas de nous que l'on pleure avec eux.

Le cadre de travail nous a aussi permis de nous protéger. L'aéroport de Roissy est un lieu familier, situé loin des zones touchées. Et puis nous travaillions en équipe. Je crois que ça change beaucoup de choses. Prendre en charge des rescapés sur les lieux mêmes de l'événement, avec une équipe restreinte, me paraît autrement plus compliqué.

Une nouvelle fois, j'ai été impressionné par l'énergie et les stratégies que l'être humain est capable de déployer pour rester dans la vie. Parmi les rescapés, certains devaient affronter des situations extrêmement douloureuses, mais ils parvenaient à puiser au fond d'eux-mêmes et autour d'eux des ressources pour continuer à avancer. Je trouve cela admirable. Porteur d'espoir, aussi. »

THIERRY BAUBET,
37 ans, psychiatre.
Hôpital Avicenne – APHP.
Bobigny (Seine-Saint-Denis), France.

– 6 –

LA DISPARITION

« Ce matin-là, nous avions rendez-vous à 10 heures 15 avec un pêcheur de Ko Phi-Phi, pour une promenade en bateau autour des récifs de corail. Nous étions arrivés la veille pour quelques jours de vacances tous les cinq : Philippe, mon mari, et nos trois enfants, Morgane, treize ans, Thibaud, douze ans, et Philippine, huit ans. Avec nous, dix personnes de la famille venues de France pour les vacances. Nous vivons à Bangkok depuis un an et demi, et nous venons très souvent sur l'île. Nous y avons de nombreux amis.

Nous avons marché le long de la plage, au bord de l'eau. C'était marée basse. La mer s'était retirée loin dans la baie. Nous sommes arrivés au rendez-vous à 10 heures 20. Les deux sœurs de Philippe nous accompagnaient, avec leurs enfants. C'était bizarre, des Thaïlandais regardaient fixement la mer. Je l'ai regardée aussi. C'est alors que la vague est arrivée. D'abord comme une marée montante, puis de plus en plus vite. Au loin, des voiliers tanguaient et dérivaient vers la falaise. Soudain, quelqu'un, peut-être Philippe, a dit : « C'est un raz-de-marée ! » Puis *Run* (courez). Philippine, ma fille de 8 ans, m'a agrippée la main gauche. J'ai eu très peur et me suis mise à courir avec les enfants. J'étais tellement concentrée sur ce que je leur disais que je n'ai même pas entendu le bruit de la vague. Philippine courait en me tenant toujours la main. Morgane et Thibaud couraient devant. La peur m'avait empêchée de réfléchir. Ma décision était purement instinctive. Nous avons réagi vite. C'est cela qui nous a sauvés.

Je ne sais pas pourquoi Philippe n'a pas cherché à nous rejoindre. Je crois qu'il a attendu que sa sœur fasse deux pas vers le bateau pour récupérer un sac, puis il est parti avec elle. Quand la vague est arrivée, ils se sont réfugiés sur la terrasse d'un bungalow. Un bateau était bloqué devant, entre deux cocotiers. Philippe a-t-il cru que cela suffirait à les protéger ? Je crois surtout que nous sous-estimions tous le danger. Je sais que Philippe a dit : « Nous sommes mal partis. » Il tenait la main de sa sœur. La violence de l'eau les a séparés. Catherine a été sauvée, tirée de l'eau par un Thaïlandais.

L'eau nous avait rejoints. Philippine et moi avons nagé au-dessus de barbelés d'environ 1 mètre 50 de haut. Nous nous sommes accrochées à un palmier ; Philippine contre le tronc, et moi derrière. Nous attendions une autre vague. Morgane et Thibaud, eux, avaient été poussés jusqu'au pied de la colline. Ils ont fait marche arrière, pour nous chercher. Puis, il y a eu un autre mouvement de panique. On entendait crier : « L'eau revient, l'eau revient ». Des Thaïlandais nous ont criés de monter sur la colline, qui se trouve au milieu de l'île, entre les deux baies. Nous avons retrouvé là-haut de nombreux rescapés. J'avais les jambes en coton. Les enfants s'accrochaient à moi, ils ne me quittaient pas. Je n'avais plus aucune énergie.

Philippe n'était pas là.

J'ai tout de suite pensé que nous allions rester longtemps sur ce sommet. Nous étions très serrés. J'ai retrouvé une amie, Nathalie, qui tient une agence de voyages sur l'île. Une de ses employées avait sauvé sa fille adoptive, Ana, âgée de deux ans. Nous avons retrouvé aussi la monitrice de plongée de Morgane et Thibaud. Il y avait d'autres familles, dont une famille française qui avait un petit garçon de l'âge de mon fils. Le père de Robin, Jean-Louis, est descendu avec des Thaïlandais pour chercher des boissons, des chips et des biscuits. Les Thaïlandais nous donnaient du lait pour les enfants. Dans la nuit, ils ont même joué de la guitare.

Les hélicoptères ont commencé leurs rotations vers 13 heures. Morgane a chronométré. Un hélicoptère passait au-dessus de nos têtes toutes les quinze minutes. Nous étions au milieu des arbres, sans aucune visibilité sur la baie. À 16 heures, un Australien a eu un contact téléphonique, et nous a dit que tout était fini. Un homme est passé avec un bébé dans les bras. L'enfant était enveloppé dans un drap blanc. Les enfants n'ont pas compris. Moi, si.

Le blanc est la couleur du deuil en Asie.

Philippe.

Plus le temps passait, plus je me disais que si Philippe ne nous trouvait pas c'est qu'il ne pouvait pas. Je disais aux enfants que leur père devait s'être réfugié sur l'autre montagne. Un médecin anglais est monté vers 17 heures. Je lui ai demandé ce qu'il nous conseillait de faire, avec les enfants.

— Ne bougez pas, et préparez-vous à passer la nuit ici, m'a-t-il répondu. Ce n'est pas un spectacle pour eux, en bas.

Je ne voulais prendre aucun risque, la nuit devait tomber dans une heure, nous ne savions pas dans quel état se trouvait l'île. On savait aussi que la marée devait remonter vers 22 heures, et cela nous faisait peur.

Alors, nous sommes restés.

Nous nous sommes un peu reposés, collés les uns aux autres. Le bruit du vent dans les feuilles nous inquiétait. La nuit fut pénible. Il y eut plusieurs fausses alertes, tout le monde montait dans les arbres. Je regardais le ciel, et expliquais aux enfants ce qu'était une nuit blanche. Nous regardions les étoiles.

Juste avant le lever du jour, des secouristes thaïlandais sont arrivés pour nous aider à descendre. Ils arrivaient de Phuket et de Krabi, sur la côte. Nous avions peur de redescendre au bord de l'eau. En bas, nous avons trouvé le chaos. Tout était détruit. Il y avait des cadavres dans des charrettes, recouverts de draps blancs. On disait aux enfants d'avancer sans regarder. Ils voulaient voir leur père.

Notre hôtel avait été épargné, et j'avais appris pendant la nuit qu'il avait été transformé en hôpital. Nous avons voulu y retourner, mais j'ai changé d'avis. Les chemins étaient impraticables. Les bungalows avaient été détruits, et les débris flottaient dans l'eau.

— Non, les enfants, nous partons.

Je me suis dit qu'il valait mieux quitter l'île. Pour les enfants, c'était mieux. Nous avons pris un bateau pour Phuket. Je pleurais. J'avais l'impression de laisser quelque chose derrière moi.

Nous avons été conduits à l'hôpital de Phuket pour nos coupures. Elles étaient légères. J'ai appris que l'institutrice de Philippine, qui séjournait à Phi-Phi avec sa famille, s'en était tirée. Des Thaïlandais nous ont demandé d'aller rendre visite à des blessés étrangers arrivés seuls la veille. Nous avons ensuite été accompagnés au centre d'accueil international qui avait été improvisé à l'hôtel de ville de Phuket. J'y ai retrouvé des amis ainsi qu'une personne de l'ambassade qui avait déjà nos noms, signalés depuis la France. Philippine n'allait pas très bien. Elle était assise, et ne bougeait plus. Nous ne nous souvenions d'aucun numéro de téléphone. Nous avons dormi dans un petit hôtel tenu par un Français. Les Thaïlandais nous ont donné des chaussures et des vêtements de rechange. Nous avions quitté Phi-Phi en maillot de bain. J'essayais de savoir si Philippe et les membres de sa famille avaient été rapatriés à Krabi. Le deuxième jour, le 28, j'ai appris qu'ils étaient tous sains et saufs. Mais toujours pas de nouvelles de mon mari.

J'ai décidé de rester au centre d'accueil de Phuket. Tout était à faire. J'aidais à accueillir les rescapés. Nous recevions tous ceux qui arrivaient par bateaux ou par hélicoptères de Khao Lak, de Phi-Phi et des autres îles. Ma fille Morgane a voulu m'aider, mais elle commençait à ne pas aller bien. Elle a fini par accepter de repartir à Bangkok, avec des amis. Mes deux autres enfants sont partis aussi. Moi, je voulais rester là. Tout le monde avait besoin de parler, de raconter. J'aidais les autres, pour éviter de trop penser.

Le troisième jour, je me suis levée très tôt. Il n'y avait encore personne au centre. Je me suis connectée à Internet pour témoigner de ce qui s'était passé, et j'ai pleuré. Des collègues de Philippe sont arrivés pour m'aider à chercher mon mari. Une Thaïlandaise nous a servi une soupe de riz pour le petit-déjeuner. Puis, ils sont partis faire le tour des temples et des hôpitaux. J'étais incapable de regarder les photos des corps qui tapissaient les murs du centre d'accueil.

Les rescapés arrivaient moins nombreux. C'étaient des corps que les autorités commençaient à ramener. Je me sentais de moins en moins utile. Je n'avais plus d'argent, plus de papiers. J'étais vidée. Je suis rentrée à Bangkok le 30 décembre avec un avion militaire. C'était un jeudi.

Philippe.

Je m'étais fixé jusqu'au dimanche pour garder espoir. Il restait encore les hôpitaux de Bangkok, où certains blessés graves avaient été transférés sans passer par Phuket. Dès le jeudi soir, alors qu'étaient organisées des célébrations religieuses dans tous les lieux de culte de Thaïlande, mes enfants ont commencé à comprendre qu'ils ne reverraient plus leur père. Le dimanche matin, nous étions toujours sans nouvelles. Thibaud m'a dit :

— Maman pourquoi tu pleures ? Tu m'as dit que papa était là, avec nous.

La rentrée des classes, le lundi suivant, a été un choc. Le soir même, ma petite Philippine a été malade. Elle a ensuite refusé de s'alimenter pendant plusieurs jours. Je l'ai emmenée à l'hôpital. Nous avons tous consulté un psychothérapeute. Des équipes de secours étaient arrivées de France. Philippine dormait avec moi et vérifiait toute la nuit que j'étais bien là. Thibaud a beaucoup pleuré, jusqu'au jour où il a compris que son père ne rentrerait jamais. Philippine a mis trois semaines pour parler de ce qu'elle avait vécu. Morgane, elle, ne parle toujours pas. Elle a des moments d'absence. Elle se protège.

Je ne me souviens plus très bien ce qui s'est passé ensuite. J'avais des trous de mémoire. Je sais que mes parents sont arrivés le 10 janvier, mais c'est seulement à la fin du mois que j'ai eu l'impression de refaire surface. Comme si je sortais d'une longue maladie.

Mes amis de Bangkok m'ont beaucoup entourée. Ils continuent à le faire. Trois mois après le raz-de-marée, j'ai recommencé tout doucement à faire des choses que j'avais plaisir à faire avant. Je suis retournée tous les quinze jours à Phuket, pour des cérémonies commémoratives. Chaque fois, j'y puisais un peu de sérénité. Je me suis réhabituée à voir la mer, et le vent me fait moins peur.

Je suis aussi retournée à Ko Phi-Phi. Les enfants ne voulaient pas que j'y aille. La première fois que je suis retournée sur la plage où nous attendait le bateau, j'ai été malade pendant deux jours.

Je puise une énergie incroyable dans ce que nous avons vécu avant. Nous étions une famille unie. Philippe était un papa très présent. Il y avait beaucoup de complicité entre nous. Nous nous étions rencontrés pendant nos études, il y a vingt ans. Et si des missions professionnelles nous ont parfois séparés, nous ne nous sommes jamais quittés. Je continue avec nos projets. Je ne vois pas d'autre chemin pour le moment. Je dois me reconstruire. Je ne sais pas encore comment. Je crois que je vais rester encore un peu en Thaïlande. Cela fait dix-neuf ans que je vis à l'étranger. Mes enfants n'ont jamais vécu en France. Je vais rester encore un peu ici. Profiter de cette paix qui émane des pays bouddhistes. Je n'éprouve pas de ressentiment.

Depuis la fin du mois de janvier, je participe au comité de solidarité et de bienfaisance franco-thaïlandais. J'anime des réunions de coordination pour tous les projets de solidarité de la communauté française. La reconstruction, j'y participe comme une obligation.

Pour que Phi-Phi retrouve son vrai visage. Moi, après cela, je ne sais pas si j'y retournerai.

Ou alors, j'irai m'y perdre. »

PASCALE GRIVEAUD,
41 ans, consultante.
Bangkok, Thaïlande.

– 7 –

L'HÔPITAL DE TANGALLE

« Je crois qu'il s'appelle Denis. Il habite dans la région de Nice, aussi. J'ai lu plusieurs articles sur lui, dans le journal local. Il a perdu toute sa famille au Sri Lanka. J'ai hésité à lui écrire. Mais je n'ai pas osé. Je me suis dit que je n'avais pas le droit de faire intrusion dans sa vie. L'un des articles était accompagné d'une grande photo de lui, sur son lit d'hôpital. Il était torse nu, avec des traces violettes sur tout le corps. J'ai reconnu ces traces. Ce sont celles que laisse un antiseptique sri lankais. Tous les blessés que j'ai vus à l'hôpital de Tangalle étaient comme lui, badigeonnés de violet. Cette photo m'a ramenée là-bas.

C'était la première fois que je partais en Asie. Olivier, mon ami, y tenait. J'aurais préféré la Méditerranée. Nous sommes arrivés à Colombo le 23 décembre. Nous devions rester quinze jours au Sri Lanka. Direction Galle, puis Tangalle. L'un des plus beaux sites du littoral sud. Il n'y avait plus beaucoup de place dans les hôtels. Nous avons pris la dernière chambre d'une petite pension, à 30 mètres de la mer, au rez-de-chaussée. C'était Noël.

Le 26 décembre, nous avons mis le réveil à 8 heures. Olivier était d'accord pour passer une journée sur la plage, au lieu d'aller marcher en montagne, comme il le souhaitait. Nous étions en train de nous préparer. Olivier sortait de la salle de bains. Je fermais le sac à dos. Tout d'un coup, il y a eu un drôle de bruit.

Comme des milliers de motos qui grondaient. Nous n'avons pas vu grand-chose. Nous étions à l'intérieur, les carreaux étaient épais. Au travers de la fenêtre, j'ai vaguement vu des reflets argentés, je ne savais pas ce que c'était. Olivier m'a regardée.

— C'est bizarre ce bruit, non ?

À peine avait-il dit cela que l'eau passait déjà sous la porte. Tangalle, c'est un coin à surfeurs. La route qui passe devant l'hôtel avait été inondée plusieurs fois, à cause des grosses vagues et de la mousson. J'ai pensé que ça recommençait. Une vague plus forte que les autres. Nous avons mis les sacs au sec, en hauteur.

Et puis, une autre vague est arrivée.

Cette vague-là a tout fracassé.

Les fenêtres ont explosé. Il y avait une voiture garée devant l'hôtel. Les flots l'ont emportée. Dans la chambre, l'eau montait, montait. Nous l'avions jusqu'aux genoux, puis jusqu'à la taille. Je ne sais pas combien de temps ça a duré. Tout est allé si vite. Je me souviens juste que ça rentrait, ça rentrait. Les meubles valdinguaient dans tous les sens.

Je crois qu'Olivier a dit :

— Il ne faut pas rester là.

Il était au fond de la pièce, et moi près de la porte. J'ai été happée par un tourbillon, et je suis partie avec la vague. Ça allait vite, très vite. Je ne pensais à rien. J'essayais juste d'éviter les obstacles. Une seconde après l'autre. Je veux sortir de là, je veux sortir de là. C'est ce que je me disais. Les flots embarquaient tout. Un jour, j'ai entendu un spécialiste parler à la radio. Il disait qu'un raz-de-marée, c'était la mer en crue.

La mer en crue. C'était ça.

J'ai l'impression que cela a duré une éternité.

Je me souviens des odeurs. Ça puait le gasoil. Il devait y avoir un atelier, pas loin. Ou alors, c'était les réservoirs des voitures. L'eau était sale, marron. Les bruits, je ne m'en souviens pas. Le bruit de l'eau devait couvrir tout le reste. Pas loin de moi, il y avait un homme qui essayait de sauver son amie. Il était sur le toit, il essayait de la hisser. Ils étaient tout près, mais je ne les entendais pas crier. À part eux, je n'ai vu personne. Je n'ai pas vu Olivier non plus.

Et puis mon pied s'est coincé.

Le courant a baissé. Le niveau de l'eau aussi. J'ai réussi à nager un peu. Je suis une bonne nageuse. En face de moi, il y avait une maison, avec une terrasse et des colonnades, à la coloniale. Je suis montée sur le muret. Puis je me suis accrochée à une colonne. J'ai attendu que l'eau redescende.

Je ne comprenais pas où était passé Olivier. Nous étions au même endroit, dans la même chambre, et il n'était pas là. Je l'ai cherché. J'avais peur qu'il soit sous un mur, sous un toit ou sous une voiture. J'ai crié : Olivier, tu es où ? Tout autour, c'était la panique. J'avais le pied en sang, mais je n'avais pas mal. Je m'en fichais. Ce que je voulais, c'était retrouver Olivier.

Ensuite, je suis retournée à l'hôtel. J'ai rencontré un couple de Français. La Française m'a dit qu'elle allait s'occuper de mon pied. Elle m'a dit : « Tu ne peux pas rester comme ça. » Je me suis absentée quelques minutes. Quand je suis remontée, ils partaient. J'ai crié. Ils ne se sont pas retournés. Un couple d'Allemands est resté. Ils m'ont bandé le pied, habillé. L'hôtel était une ruine. Il y avait deux bâtiments, séparés par une route, et sur la plage, un restaurant. Il ne restait rien. Les Sri Lankais de l'hôtel ont été fouiller dans les décombres. Ils m'ont donné des cigarettes, et une canette de coca.

Il était midi.

Les Allemands m'ont mise dans un *auto rickshaw*.

— Tu vas au temple.

Je ne pouvais plus marcher. Je ne voulais pas quitter l'hôtel sans avoir retrouvé Olivier. Quelqu'un m'a dit que tout le village s'était réfugié au temple, et que j'avais une chance de retrouver mon ami là-bas. Mais il n'y était pas. Les flics étaient débordés. Les gens étaient perdus. Tout le monde courait dans tous les sens. Le village était inondé. Les voitures passaient, pleines de blessés. On m'a mise dans un bus.

Je me suis retrouvée à l'hôpital de Tangalle.

Un hôpital qui n'avait rien d'un hôpital.

Il y avait du sang sur les lits. Des pansements qui débordaient des poubelles. Des flaques d'urine dans les toilettes. Pendant deux jours, je n'ai pas mangé, et je n'ai pas bu. Je ne voulais pas me déplacer à cloche-pied dans cet endroit. Les médecins m'ont recousu le pied. Sans anesthésie, sans nettoyer. Un Allemand est venu me voir. Il m'a dit :

— Si tu as mal, tu peux gueuler, me griffer. Tiens bon.

Je n'ai pas eu mal. Je pensais à Olivier, je voulais le retrouver. Je ne pensais qu'à ça. Le retrouver.

Il y avait des cadavres au rez-de-chaussée. Juste en dessous de la salle ou j'étais. Ils avaient posé un drap dessus. De ma vie, je n'ai jamais vu le temps passer aussi lentement. J'avais l'œil rivé à l'horloge. Les minutes étaient des heures. Les heures, des jours. Pendant la journée, plein de gens passaient. Tout le monde avait perdu quelqu'un. Je me sentais impuissante. Je ne pouvais pas chercher Olivier. Je ne pouvais pas téléphoner. Le médecin, pour me rassurer, me disait que l'aide allait bientôt arriver.

Mais l'aide n'arrivait pas.

Un soir, l'infirmière a oublié de me donner mes antibiotiques. Personne ne venait. Il devait être minuit. J'ai demandé à un Sri Lankais de m'aider à descendre les escaliers. En bas, c'était le département des hommes. C'était encore pire qu'en haut. Il y avait un bagnard enchaîné à son lit. Il avait le crâne ensanglanté. J'ai détourné les yeux. Au fond de la salle, trois Italiens se reposaient. Je ne les ai plus lâchés, j'avais besoin de parler. Le lendemain, ils ont commencé à chercher un moyen de rentrer à Colombo. Ils ont attendu en vain pendant huit heures au poste de police.

La nuit, il faisait une chaleur à crever. Les moustiques nous empêchaient de dormir. Le jour, j'écrivais des dizaines de petits mots que je donnais à tous ceux qui passaient à l'hôpital. Sur ces bouts de papier, je donnais la description d'Olivier. J'avais écrit aussi : « Marthe, à l'hôpital. »

C'est comme ça qu'il m'a retrouvé.

Lui aussi avait été emporté par la vague. Il était au fond de la chambre. Il a cru qu'il resterait coincé. Finalement il a réussi à sortir de la pièce. Il a pu s'accrocher à un palmier, juste avant de venir se jeter sur des barbelés. Il a eu de la chance. Il a ensuite suivi un groupe qui voulait se mettre à l'abri en cas de réplique. Il a mis du temps à rentrer. Olivier ne parle pas anglais.

Quelle joie de le retrouver, vous n'avez pas idée.

Mon pied s'était infecté. Olivier m'a laissé dormir à l'hôpital une dernière nuit. Le lendemain matin, un médecin est passé. Il a retiré le pansement. Mon pied avait triplé de volume, et la plaie s'était rouverte. Le médecin a décousu à vif. Puis m'a dit qu'il ne pouvait plus rien faire, et qu'il fallait que je parte à Colombo. Il m'a dit que l'amputation me guettait.

Grâce à un jeune sri lankais, Olivier a trouvé un bus. Nous sommes partis avec les trois Italiens de l'hôpital. Il fallait trouver de l'essence. Aux pompes, il y avait une immense file d'attente. Le médecin avait dit à Olivier :

— Surtout ne vous arrêtez pas en route. Allez droit à l'hôpital.

Olivier et le jeune sri lankais ont réussi à prendre un peu d'essence. Sans ce dernier, je ne sais pas comment on aurait fait. On a mis huit heures pour rentrer à Colombo. J'ai été hospitalisée dans un hôpital privé. Le lendemain, j'ai été opérée. On m'a gardée encore deux jours à l'hôpital. Puis, nous avons été rapatriés. Je suis passée par les urgences de l'hôpital de Cagnes-sur-Mer. Les médecins m'ont dit que ce n'était plus qu'une histoire de patience.

C'était vrai.

Je suis restée trois mois enfermée. Je n'avais pas le droit de marcher. Je n'avais qu'une envie, c'était de retourner travailler. À la fois, je me sentais épuisée, vidée. J'avais des crises d'angoisse. Quand je n'avais pas de nouvelles d'Olivier, je paniquais. Et puis, c'est passé. J'ai vu un psychologue. Ça m'a fait du bien. Je crois que je vais continuer. J'ai envie d'aller plus loin, de faire le point dans ma vie.

Un tsunami, ce n'est la faute de personne. On se retrouve face à soi-même. Pendant ces semaines d'inactivité, j'ai beaucoup, beaucoup cogité. Cette histoire n'a duré que trois jours. Pourtant, dans ma tête, elle a semé un désordre insensé. J'avais des trous de mémoire. J'avais perdu mes repères. J'ai passé trois mois à mettre de l'ordre dans mon esprit et dans ma vie. Olivier et moi étions très indépendants. Cette histoire nous a rapprochés.

Il y a deux ans, j'ai perdu un oncle, que j'aimais beaucoup. Un cancer foudroyant. C'était mon premier contact avec la mort. Ça m'a beaucoup remuée. Mais au lieu de me dire qu'il fallait profiter de la vie, ça m'a rendu plus frileuse encore.

Le tsunami a remis les pendules à l'heure.

Je n'ai qu'une vie.

À notre retour à Nice, je me suis sentie coupable. Olivier et moi étions rentrés ; d'autres non. Je me demande pourquoi. Des amis m'ont dit : « Si tu es rentrée, c'est que c'était écrit. »

Écrit où ? Par qui ?

Je n'arrive pas à penser qu'il y a quelqu'un, au-dessus de nous, qui décide de tout.

Plusieurs mois ont passé. La vague, les odeurs, l'hôpital, tout cela commençait à s'estomper. Je me suis dit que j'allais peut-être finir par oublier. Et puis, dans le journal local est paru un autre article sur Denis. Ils disaient qu'on avait retrouvé le corps de sa femme, et le corps de l'un de ses fils. Ils disaient qu'une cérémonie était organisée à Antibes.

Je suis rentrée chez moi, et j'ai pleuré.

Je sais maintenant que jamais je n'oublierai. »

MARTHE BOULLENGER,
37 ans, paysagiste.
La Gaude
(Alpes-Maritimes), France.

– 8 –

LE FILS

« C'est pour fuir la tristesse que nous étions partis en vacances. Noël, c'est avant tout une fête de famille. L'idée de passer ce réveillon avec une chaise vide autour de la table nous était insupportable. Nous avons perdu notre fils au mois de septembre. Il était avocat. Il avait quarante-cinq ans.

Ses trois garçons rêvaient d'île déserte et de cocotiers. Charles a quinze ans, les jumeaux, neuf ans. J'ai trouvé une splendeur : des lagons magnifiques, des barrières de corail, des poissons multicolores… J'ai trouvé une île aux Maldives.

Nous partions faire de la plongée en apnée deux fois par jour. Le jour de Noël, ma belle-fille a eu une idée : partir le lendemain pour une croisière, un cabotage dans les îlots, avec une halte déjeuner sur une île déserte. L'idée était géniale, mais ça, bien sûr, nous ne le saurons qu'après.

Le lendemain, le temps était magnifique. La journée s'annonçait radieuse. Vers 9 heures 30, nous avons pris la mer. Le tsunami nous arrivait dessus à toute vitesse, mais nous ne le savions pas. À la première escale, d'étranges phénomènes se sont produits. Nous étions sur une plage, il y avait un joli cocotier penché sur l'eau. Le temps d'aller chercher ma femme pour faire une photo, il avait disparu. J'ai pensé que c'était la marée. Puis, le cocotier est réapparu. L'eau est répartie. L'eau est remontée. J'avais l'impression d'être dans une bassine qu'on agitait d'abord d'un côté, ensuite de l'autre. L'eau a envahi le petit îlot. Doucement, sans violence. Mais sans s'arrêter. Les bungalows se sont bientôt trouvés entourés d'eau. J'ai pensé que c'était habituel, mais quelqu'un de l'île nous a dit que ce n'était jamais arrivé.

Nous avons repris le bateau pour aller faire de la plongée. C'était curieux. L'eau n'était pas limpide, comme elle l'était d'habitude. L'eau était trouble. Et nous n'avions plus cette impression de nager dans un aquarium. Les poissons avaient disparu. De retour sur le bateau, j'ai remarqué que la mer était agitée, qu'il y avait des vagues. Nous avons eu des difficultés pour accoster sur l'île où nous devions déjeuner. Là, aucune trace du repas qui normalement nous attendait. Nous n'avons trouvé personne. Nous avons décidé de rentrer.

En approchant de notre îlot, j'ai vu un drôle de cortège, une rivière d'objets flottants : des fauteuils, des armoires, des chaises. J'avais l'impression de trouver là tout ce qui peut flotter. J'ai pensé qu'un gros bateau était venu mouiller dans le coin, j'ai trouvé qu'ils exagéraient. J'ignorais que c'était mon hôtel qui me passait sous le nez.

De loin, je n'ai rien vu de particulier. Il y avait trois bateaux à l'embarcadère. Mais sur les bateaux, il y avait toutes les personnes de notre îlot, en gilet de sauvetage. J'ai reconnu nos voisins de bungalow. J'ai vu des blessés. Tout le monde avait l'air secoué. Quelqu'un de l'hôtel m'a interpellé.

— Quel est le numéro de votre bungalow ?

Je m'en souvenais.

— 441.

— Vous n'avez plus rien. La mer a tout balayé.

La valise. L'argent, les papiers, les billets d'avion. J'avais tout laissé dans une valise. J'ai voulu aller voir. On m'en a empêché. On attendait une deuxième vague, il était interdit de descendre du bateau. J'ai été indiscipliné. J'ai débarqué quand même en emmenant Charles, mon petit-fils. Il voulait retrouver la photo et la montre de son père. Il y tenait.

Les guirlandes de Noël avaient été arrachées. Il y avait des vêtements dans les arbres et des lits dans les allées. Nous avions de l'eau jusqu'aux genoux. Les portes des bungalows avaient été défoncées, puis arrachées. Il n'y avait plus de mobilier. C'était comme si un énorme aspirateur avait fonctionné.

Je n'en croyais pas mes yeux : la valise était là, elle était restée coincée. Charles, lui, a fouillé dans la vase. Il a retrouvé le portrait de mon fils. Et la montre de son père. Intacte.

Ce matin-là, Charles avait une otite terrible, à cause de la plongée. Nous avions dû insister pour qu'il vienne avec nous faire la croisière. Sinon, il serait resté couché. Juste devant son lit, la baie vitrée avait explosé.

Nous avons été évacués par le premier avion qui regagnait la France. Je me souviens de ce que m'a dit mon petit-fils.

— Papy, nous avons eu trop de malheurs. Je sais maintenant qu'on va avoir de la chance.

La chance. Moi, j'ai pensé à mon fils. Je n'ai pas pu m'empêcher de penser qu'il était près de nous. J'ai pensé que c'était lui qui nous avait protégés. »

DENIS BELTAIRE,
69 ans, retraité.
Raismes (Nord), France.

– 9 –

L'ESCALE

« Je m'appelle Diane Stoffel. J'habite à Patong Beach, sur l'île de Phuket, en Thaïlande. Je suis mariée à un Suisse. Nous avons une petite fille de trois ans.

J'ai découvert Phuket en 1999. J'étais venue passer quelques jours de vacances avec des amis. Le premier soir, j'ai rencontré celui qui allait devenir mon mari, et quatre mois plus tard, je m'installais ici. Mes premières années en Asie ont été un peu difficiles. La France me manquait, ma famille aussi. Le voyage est encore cher, mais je fais en sorte de rentrer deux fois par an.

Vivre ici est pourtant très agréable. Il fait beau toute l'année, les gens sont très souriants, la nourriture est excellente, la vie peu coûteuse, et l'île vraiment magnifique. Un petit paradis pour tous les amoureux de la mer. Mon mari a un centre de plongée sous-marine. La clientèle est faite de gens heureux d'être en vacances. L'ambiance est détendue, chaleureuse. Nous travaillons au rythme des saisons : une activité intense de novembre à avril, puis de longs mois de basse saison, de mai à octobre, pendant la saison des pluies. C'est la période la plus difficile. Une période longue et monotone, surtout en cas de forte mousson. Il y a des coupures d'électricité et des inondations. La vie est très calme, les rentrées d'argent moins importantes, pour ne pas dire inexistantes les mois les plus creux.

L'industrie du tourisme a beaucoup souffert depuis le 11 septembre 2001. L'attentat de Bali ou la grippe du poulet ont encore aggravé les choses en Asie, et l'île de Phuket s'en trouvait fortement affectée. La saison 2004/2005 s'annonçait comme la meilleure depuis quatre ans. Tout le monde attendait la période de Noël avec impatience : l'immobilier était en pleine croissance, les clients affluaient du monde entier, de nouveaux touristes, russes et chinois, arrivaient en masse, les sites de plongées étaient saturés, les hôtels affichaient complets… L'avenir s'annonçait prometteur.

Cela fait dix-sept ans que mon mari vit ici. Pour la première fois, il m'a dit qu'il souhaitait rentrer en Suisse pour fêter Noël et son anniversaire en famille. Il est né un 24 décembre. Nous décidons de partir dix jours, du 15 au 25 décembre. À la dernière minute, je décide de repousser la date de notre retour au 26. Après le réveillon, un jour de récupération me semblait nécessaire avant de reprendre l'avion et d'attaquer la saison.

Le dimanche 26 décembre au matin, nous prenons l'avion à Zurich. Une escale de trois heures est prévue à Dubaï avant d'atterrir à Bangkok et de prendre la correspondance pour Phuket, le 27. À Dubaï, nous allons prendre un café dans un bar de l'aéroport et en regardant la télévision, nous apprenons la terrible nouvelle… Tremblement de terre en Indonésie, raz-de-marée en Asie du Sud-Est, Phuket frappé de plein fouet par le tsunami. Je regarde mon mari. Il me regarde aussi. Nous passons quelques minutes sans parler. Nous essayons de comprendre ce que nous venons d'entendre. J'ai l'impression qu'on nous parle dans une langue inconnue.

— Non, ce n'est pas possible, il n'y a jamais eu de tsunami en Thaïlande. Non, ce n'est pas possible.

Ce sont les seuls mots que j'arrive à prononcer. Et puis les premières images arrivent : des cris, un océan déchaîné qui arrache tout sur son passage, des maisons et des voitures emportées par les flots. En quelques minutes, tout s'écroule, tout est dévasté. Notre petit paradis devient un enfer. Où sont tous nos amis ? Où est mon neveu, en vacances à Patong ? J'essaye de téléphoner, mais les lignes sont saturées.

Nous sommes restés trois heures devant cet écran de télévision. Figés, anéantis. Sans vraiment comprendre l'ampleur de cette tragédie, sans savoir ce qui nous attendait à notre retour. Nous ne voulions qu'une chose : arriver chez nous au plus vite.

— Non, madame, vous ne pouvez pas partir à Phuket maintenant, l'aéroport est fermé.

Lundi 27 décembre, aéroport de Bangkok, bureau de la *Thaï Airways.* Cinq heures d'attente interminables dans un climat de panique. Les gens courent dans tous les sens, cherchent un parent ou un ami, se désespèrent, n'arrivent pas à téléphoner.

En fin de journée, l'aéroport de Phuket est rouvert et nous prenons le premier avion. À Phuket, aucun taxi n'accepte de nous emmener à Patong Beach. On parle d'un autre tsunami et personne ne veut prendre le risque d'y aller. Un taxi nous conduit à 10 kilomètres de Patong et nous laisse sur le bord de la route. Là, nous attendons qu'un *tuk-tuk* veuille bien nous ramener chez nous. À 20 heures, nous laissons notre fille avec la nounou et nous partons en scooter vers la mer.

Là, c'est l'horreur. Cela ressemble un peu à un paysage lunaire. Je pleure. Tout le bord de mer est dévasté, une odeur de mort nous enveloppe. Il me semble que les cris de peur et de détresse résonnent encore.

La vague s'est engouffrée dans le supermarché où je vais régulièrement faire mes courses, au sous-sol d'un centre commercial. Des dizaines de personnes y ont perdu la vie, surprises par l'eau. Tous nos amis dont j'ai pu avoir des nouvelles sont en vie, mais je n'ai pas encore pu joindre tout le monde. Nous rentrons chez nous épuisés, en état de choc. Nous essayons en vain de dormir.

Le lendemain, le mardi 28 décembre, nous nous portons volontaires pour aider dans les hôpitaux. Ils sont complètement submergés, et ont besoin d'interprètes. Nous parlons français, italien, allemand, anglais et thaï, nous pourrons nous rendre utiles. Direction l'hôpital Vachira, le plus grand hôpital public de Phuket. Des amis m'ont téléphoné pour me dire qu'un couple de Français y a été transporté. Ils ont perdu leurs deux petits garçons de sept ans et neuf ans à Ko Phi-Phi. Nous arrivons là-bas sans trop savoir comment nous pourrons les aider. Ils sont jeunes, ils partagent le même lit d'hôpital. Ils sont blessés, épuisés, mais ils gardent encore l'espoir de retrouver leurs petits garçons. Nous restons quelques heures avec eux pour qu'ils se sentent moins seuls. Pendant ces journées passées à l'hôpital, il m'est souvent arrivé de me sentir coupable d'être en vie et d'avoir encore mon mari et ma fille à mes côtés.

Nous formons bientôt un groupe d'une dizaine de volontaires et nous essayons de nous organiser. Mon mari accompagne les rescapés à la morgue de l'hôpital afin qu'ils puissent identifier les corps de leurs parents ou de leurs amis. Moi, je fais le tour des services pour recenser les étrangers, leur demander leur nom, le nom de l'hôtel où ils séjournaient, et si certains de leurs proches sont portés disparus. J'ai parcouru cet hôpital pendant des heures, j'ai parlé à des dizaines et des dizaines de blessés : Suédois, Norvégiens, Français, Italiens, Autrichiens, Allemands… Certains souffraient terriblement. Emportées par la vague, les victimes du tsunami avaient été projetées contre les murs et avaient été heurtées par toutes sortes d'objets. Ils souffraient de fractures, de coupures, souvent de blessures à la tête. Ils criaient leur douleur. Physique mais aussi morale.

— Où est mon mari ? Où sont mes trois enfants, mes parents ? Où est ma sœur, mon frère ?

Chacune des personnes que je rencontrais me posait ces questions. Chacune des personnes que je voyais avait perdu un être cher, un être aimé. Parfois, les larmes aux yeux, ils me demandaient si je pouvais les aider à retrouver leurs proches. Ils pensaient que moi, valide et connaissant le pays, je pouvais à coup sûr faire quelque chose. J'aurais tellement aimé que cela soit vrai, j'aurais tellement aimé pouvoir retrouver ne serait-ce qu'une seule de ces dizaines de personnes qui se trouvait sur ma liste. J'aurais été tellement heureuse de pouvoir faire cela pour eux, pour ces victimes à qui la mer avait pris une partie d'eux-mêmes, une partie de leur vie…

Après une semaine passée dans cet enfer, après des nuits d'insomnie, mon mari a décidé de rentrer en Suisse organiser une collecte de fonds pour les victimes. Nous nous sommes lancés dans l'aide à la reconstruction. Nous continuons encore aujourd'hui.

Les sommes récoltées par mon mari ont largement dépassé nos espérances et nous avons pu soutenir plusieurs projets pour reconstruire des maisons et des bateaux de pêche à Phuket mais aussi dans la région de Phang Nga, Khao Lak et Ranong. Pendant des semaines, nous sommes allés approvisionner les camps de rescapés. Nous avons aidé de notre mieux. Nous avions la chance d'être en vie, d'avoir encore notre maison. Nous ne pouvions pas rester sans rien faire. C'était sans doute notre façon de traverser ce cauchemar et de surmonter notre peine.

Je n'avais jamais été confrontée de si près au désespoir et à la détresse. Je n'y étais pas préparée. Devant toutes ces souffrances, j'ai connu des moments de colère, de révolte et de découragement. J'ai pleuré. J'ai pleuré souvent. Pendant deux mois, nous n'avons parlé que du tsunami, que de la mort. Plusieurs fois, j'ai pensé que je n'allais pas tenir le coup. Mais apporter de l'aide était très important à mes yeux. Il fallait continuer. J'ai parfois eu la tentation de prendre un avion et de rentrer en France, mais ça ne durait pas très longtemps : je savais que je ne pouvais pas partir. Je me sentais touchée au même titre que n'importe quel habitant de Phuket.

Je crois que ma vision de la vie a changé. J'ai compris à quel point il est important de dire à ses proches combien on les aime, à quel point il faut profiter de chaque moment qui passe, toutes ces vérités si simples que nous avons parfois tendance à oublier. J'ai renoué des contacts avec des proches qui ne me donnaient plus de nouvelles depuis des années. J'avais envie de dire : aimons-nous les uns les autres, et profitons de la vie.

Aujourd'hui, comme beaucoup de gens qui habitent

ici, nous n'avons plus de travail. L'économie de Phuket est complètement désorganisée. Le tourisme n'a pas vraiment repris. Trop de morts, trop de souffrances. Aujourd'hui, je ne sais pas encore ce que nous allons faire. Rentrer en Europe, ou rester ici et essayer de tenir le coup.

Peut-il y avoir un autre tsunami ? Tous les spécialistes s'accordent à dire que cela n'arrive qu'une fois par siècle mais les Thaïlandais ont peur. Des systèmes d'alerte ont été installés un peu partout sur l'île. Personne ne regarde plus vraiment la mer de la même façon. Nous savons que la nature peut reprendre ses droits à tout moment. Comme beaucoup, j'ai mis du temps avant de retourner sur la plage avec ma petite fille. Aujourd'hui encore, il y a toujours cette petite inquiétude au fond de moi. »

DIANE STOFFEL,
32 ans, gérante de société.
Phuket, Thaïlande.

– 10 –

LE BRACELET

« Faut que j'y aille. C'est la première chose que je me suis dite quand j'ai vu les images à la télévision.

Je suis comptable. Je suis technicien de catastrophe, aussi, à titre bénévole. Je pars sur mes congés. J'aime les missions humanitaires. J'aime aider les gens dans la détresse.

Je suis parti en Thaïlande le 1er janvier, avec une mission de la protection civile. Nous avons atterri à Phuket. Les autorités locales nous ont aussitôt dirigés plus au nord, sur Khao Lak. À certains endroits, il n'y avait plus rien. À d'autres, on voyait que l'eau était entrée dans les maisons et en était ressortie de l'autre côté. Les maisons étaient encore debout, mais tout ce qui se trouvait à l'intérieur avait été emporté.

Nous avons été envoyés près d'un camp de réfugiés, un camp de six mille personnes sans abri. Les familles vivaient entassées, à quatre ou six dans des tentes de deux places. Notre mission était d'aménager un terrain à proximité du camp, et d'y construire des logements.

Les travaux de terrassement ont commencé. L'armée thaïlandaise est arrivée avec le gros matériel. Au début, nous avons construit des logements en tôle, sur pilotis.

Et puis, avec l'armée, nous avons construit des maisons en bois. C'était toute une chaîne. Moi, je montais les poteaux et toute l'armature. Certains ne s'occupaient que des toits. Ça suivait, il fallait voir. Quand l'armature était montée, le toit posé, c'était le tour des sanitaires. Ensuite, l'électricité est arrivée. C'est l'EDF de chez eux qui est venue avec les poteaux et tout le matériel. Il fallait voir la vitesse à laquelle ça se montait. Je ne sais pas combien de logements nous avons construits. Beaucoup. Je crois que les autorités avaient prévu de reloger douze mille personnes à cet endroit-là.

Nous n'étions pas constamment au contact des familles sinistrées, mais on les voyait souvent. Nous prenions nos repas à la cantine du camp, avec les réfugiés. On mangeait thaï, c'était vraiment bon. Quand on les croisait, on voyait bien sur les visages ceux qui avaient perdu des membres de leur famille. Ça se voit, la détresse, sur un visage. Et pourtant, je me souviens de l'accueil et de la gentillesse des Thaïlandais. Un matin, une femme m'a arrêté. Elle m'a mis un bracelet tressé au poignet, et elle m'a donné un petit sachet, avec une médaille de Bouddha et des prières. Les gens avaient tout perdu, et pourtant ils avaient beaucoup de petites attentions pour nous.

Une morgue avait été installée à quatre kilomètres du camp de réfugiés. Nous avons tous été volontaires pour aller y donner un coup de main. Il fallait charger les corps dans des camionnettes pour qu'ils soient incinérés. Nous devions nous mettre à six pour soulever un corps, tellement ils étaient gonflés. J'ai eu de la chance, aucun sac ne s'est ouvert. Les corps, je préférais ne pas les voir. J'avais déjà vu les photos à l'entrée. Sur des panneaux d'affichage, il y avait des photos des corps, pour essayer de les identifier. Les gens étaient méconnaissables. Le lendemain, ce sont les infirmiers de la mission qui nous ont remplacés. Retourner à la morgue dès le lendemain, franchement, non. Je n'ai pas pu y retourner.

C'est bien, une équipe. On peut parler. Avant de partir, nous avons fait un travail de groupe à la cellule médico-psychologique de Phuket. Tout le monde pouvait parler, ça permet d'évacuer les choses, il ne faut pas les garder. Il paraît que ça peut quand même ressurgir, des mois après. L'odeur, en particulier. Je suis resté douze jours en Thaïlande. Après chaque mission, j'ai toujours la même impression. L'impression de n'avoir rien fait. Je sais bien que ce n'est pas vrai. C'est un travail de fourmi, mais il permet d'avancer. Je sais que, là-bas, des familles ont retrouvé un logement. J'aimerais bien voir des photos des maisons maintenant. Avec les gens dedans. »

MICHEL DAVY,
53 ans, comptable.
Saint-Gondran
(Ille-et-Vilaine), France.

– 11 –

LA PRIÈRE

« C'est la piscine naturelle, devant notre bungalow, qui m'a alertée. Baptiste et Corentin allaient souvent y jouer. J'ai vu cette piscine se remplir à toute vitesse. J'ai pensé : heureusement que les enfants ne sont pas en train de se baigner, je ne savais pas que ça pouvait se remplir comme ça, ce truc… Il y avait aussi de l'eau sur la plage. J'ai d'abord pensé à la pleine lune. Je ne me suis pas méfiée.

Comme chaque matin, Stephen était parti surfer à quelques kilomètres. Il y a de bonnes vagues, au Sri Lanka. J'étais restée avec les enfants. C'est quand l'eau a commencé à envahir le bungalow que j'ai eu peur. Geeth, le serveur de l'hôtel, et Janguanath, le jardinier, sont entrés en criant : *Go, go !* (partez, partez !) Ils avaient compris. Moi, je n'avais rien compris du tout. Ils ont pris chacun un enfant sous le bras et se sont mis à courir.

En quelques secondes, il y avait deux mètres d'eau. Une eau noirâtre, qui est arrivée dans un grand fracas. Je n'avais jamais vu une chose pareille. Notre hôtel était entouré d'un mur de deux mètres de haut. Quand je me suis retournée, il s'était effondré. L'eau est arrivée comme un bulldozer. Elle a tout emporté.

J'ai été prise par la vague. J'ai essayé de revenir vers le bungalow, mais le courant était trop fort. J'ai vu Baptiste, il nageait un peu plus loin, tout seul, au milieu de débris. Je me suis dit : « Et le petit ? » Le flot continuait de m'emporter. Et puis, l'eau a commencé à baisser. J'ai vu Baptiste courir sur la terre ferme. Il était sauvé.

J'ai cherché Corentin.

J'ai cherché une petite tête blonde, dans l'eau.

J'ai cherché mon enfant de trois ans, en pensant qu'il était mort.

Je ne sais pas combien de temps ça a duré. Des heures, une éternité.

A un moment, je me suis arrêtée. Je me suis mise à genoux et j'ai prié. J'ai récité les prières que je connaissais.

Et puis, j'ai croisé le patron de l'hôtel. Il m'a dit que Corentin était sain et sauf. Mon Dieu. Geeth l'avait sauvé. Il l'avait emmené en vélo dans le temple où tout le village s'était réfugié. Je suis parti à leur rencontre. En chemin, j'ai croisé Baptiste. Il hurlait. Et puis, j'ai retrouvé Corentin. Enfin, Stephen est arrivé. Il avait sa tenue de surf, et sa planche sous le bras. Il courait vers nous.

J'avais cru que mon enfant était mort. Je ne pensais pas qu'il avait pu s'en sortir. Je vis encore avec cette frayeur. J'y pense à chaque fois que je le vois. Voir nos enfants vivants, c'est extraordinaire.

Plusieurs mois ont passé. Stephen et moi, nous nous sommes encore rapprochés. Le raz-de-marée a changé notre façon de voir la vie. Nous vivons mieux l'instant présent. Nous voulons voir grandir nos enfants.

Et puis, il y a cette prière que j'ai adressée au ciel. Je ne croyais plus, et elle a été exaucée. Quand j'ai retrouvé Corentin, j'ai remercié. Il me reste quelque chose à faire. Je me le suis promis. Une démarche personnelle. Pour encore, remercier. »

ANNE ESCOLA,
37 ans, infirmière.
Lacanau (Gironde), France.

– 12 –

UNE OFFRANDE A BOUDDHA

« Je n’ai pas la foi. J’aimerais avoir la foi. En rentrant de Thaïlande, j'ai entendu un rescapé du raz-de-marée témoigner. Il a perdu trois fils à Khao Lak. Cet homme est croyant. Il a dit quelques mots sur le parvis de l’église, où ont été enterrés ses enfants. Je crois que c’était à Soissons. Il parlait de reconstruction. J'ai été estomaqué devant autant de force. Je me suis dit que s'il m'était arrivé le dixième de tout cela, j'aurais été détruit, je serais devenu fou.

Moi, je suis un enfant de la modernité. Rationnel et fragile. Surtout devant des événements comme ceux que nous avons vécus le 26 décembre 2004. Au fond de moi, je crois pourtant qu’il existe en nous quelque chose de spirituel. L’intelligence ne peut se réduire à un processus biochimique. Si c’était le cas, la condition humaine serait effrayante. Nous avons besoin d'autre chose pour vivre. Sinon, à quoi ça rime ?

Je me suis confié à un ami. Il est complètement athée, et nous n'étions pas d'accord. Il me disait :

— Si Dieu existe, comment a-t-il pu laisser mourir tous ces innocents en Asie ? Et si tu te considères comme un miraculé, ça voudrait dire que ceux qui ont péri sont des maudits ? Non, Jean-Louis, ça ne tient pas.

D'une certaine manière, il a raison, ça ne tient pas. Ou alors, il faut accepter de ne pas mettre la foi à l'examen de la logique. Je ne sais pas. J'en reviens toujours à la même question. Une question qui depuis mon retour de Thaïlande me hante, m'obsède : pourquoi lui et pas moi ? Pourquoi elle et pas moi ? Pourquoi ont-ils été emportés par la vague et pas moi ?

Cela aurait pu être moi. Cela aurait pu être nous.

Pascale et Robin, notre fils de dix ans, m'ont rejoint en Thaïlande le 18 décembre. J'étais parti quatre jours avant eux pour commencer à travailler avec mes collègues de l'université de Phuket, qui m'avaient invité dans le cadre d'un échange universitaire. Nos premiers jours en famille sur la côte thaïlandaise ont été magiques. Temps de rêve, eau sublime, sable blanc. Le paradis ! Cela faisait dix ans, depuis la naissance de Robin – suivie de celle de Tom, huit ans, et de Jason, cinq ans –, que nous n'avions pas voyagé ensemble, Pascale et moi. À la maison, cela faisait six mois que nous parlions de ce voyage. Nous avons confié Tom et Jason à leurs grands parents, et sommes partis avec Robin. J'étais fier de pouvoir offrir ce cadeau à mon fils.

Le 22 décembre, nous avons quitté Phuket pour Ko Phi-Phi. Robin devait faire son baptême de plongée le 23. Nous aimions cette idée : passer Noël sur une île. Le soir du réveillon, nous avons dîné dans une petite paillote, au bord de l'eau. Les propriétaires du *Hippie's bar* offraient le dîner de Noël aux touristes. Une ambiance *seventies.* Il y avait aussi des cracheurs de feu. Une très belle soirée.

Le 25 décembre, nous avons déjeuné au restaurant avec Maurizio, notre moniteur de plongée. Un Italien carré, avec des tatouages sur le dos. J'étais content. Il avait réussi à apprivoiser mon fils.

Le 26 décembre, nous devions rentrer à Phuket. C'est le tremblement de terre qui nous a réveillés. Il devait être 8 heures. Les secousses ont duré une minute. Une minute interminable. Ma femme a réagi la première :

— Tu as senti ?

— Qu'est-ce que c'est ? ai-je dit dans un demi-sommeil.

— Un tremblement de terre. On va peut-être nous donner des consignes.

Rien n'est venu. Nous rangeons les valises, vaguement inquiets. Et descendons pour le petit-déjeuner. Je veux me renseigner dans le *lobby.* Mais il n'y a personne à l'accueil. Dehors, un temps superbe. Comme chaque matin, les clients prennent tranquillement leur petit-déjeuner au bord de l'eau. Nous ne pensons plus aux secousses. Le bateau pour Phuket doit partir à 14 heures. Je regarde ma montre. Il est un peu plus de 9 heures. Nous avons le temps d'acheter quelques souvenirs pour les garçons. Les clients de l'hôtel se lèvent de table et partent vers la plage. De notre côté, nous prenons la direction des boutiques, alignées en bord de mer. Robin choisit un tee-shirt, et un porte-bonheur en forme d'éléphant. Il achète le même pendentif pour ses frères. Ma femme s'enthousiasme devant une boutique d'artisanat.

— Ne traînons pas trop. Nous ferons d'autres courses à Phuket et à Bangkok.

Je règle le dernier achat, une sculpture en bois, dans la boutique *PP Marijuana.* Sur le reçu de ma carte visa, il est 10 heures 08.

Cinq minutes plus tard, la vague aura tout balayé.

En sortant du magasin, nous nous dirigeons vers l'hôtel pour récupérer nos bagages et rendre les clés. Notre chambre, la 213, est au premier étage, au fond d'un bâtiment perpendiculaire à la plage. Pascale commence à sortir les valises dans le couloir. Robin est sur le balcon. Il se met à crier :

— Papa, regarde !

Il se penche et me montre l'eau, sous nos fenêtres. L'hôtel était à plus de 100 mètres à l'intérieur des terres. Nous nous regardons, incrédules. Je sors de la chambre. L'hôtel est envahi par les eaux. Une fuite ? Un problème de tuyauterie ?

C'est alors qu'un mur en parpaing qui séparait notre hôtel du bâtiment voisin se plie comme du carton-pâte, sous le poids de l'eau. Des touristes affolés sortent par les fenêtres de leurs chambres ou de leurs bungalows pour gagner les toits.

C'est à ce moment-là que ma femme comprend.

— Le tremblement de terre, me dit-elle, en me tapant sur l'épaule.

— Quoi ?

— C'est un raz-de-marée, Jean-Louis. Nous sommes en plein raz-de-marée !

Nous restons figés. Les raz-de-marées, ça arrive ailleurs, ça n'arrive qu'aux autres. Robin s'assombrit en voyant nos mines décomposées. Ce n'est pas un jeu. Vite, nous rentrons les valises. Nous les enfermons dans un placard. Pascale et Robin surveillent le niveau de l'eau. Les chambres du bas sont saccagées mais notre étage est encore préservé. Il ne faut pas rester ici. Nous préparons un petit sac à dos de survie, avec de l'eau et nos papiers d'identité. Et nous gagnons le fond de l'hôtel, l'endroit le plus éloigné de la mer. La piscine est engloutie. Nous avons de l'eau jusqu'aux chevilles, elle est saumâtre. Nous montons sur la terrasse, où des clients de l'hôtel se sont déjà réfugiés. Il n'y a plus beaucoup de place.

Je suis vraiment inquiet. On entend dire qu'une vague plus grosse encore va arriver, une *big wave* (une grosse vague). Je me demande : c'est quoi une *big wave* ? C'est combien de mètres, combien de morts ?

Le soleil est toujours aussi haut dans le ciel. La catastrophe s'est déroulée de manière implacable. Nous sentons combien la vague a dû être puissante. À nos pieds, les poteaux électriques plient, craquent, sont arrachés. Robin veut rester sur la terrasse. Pas moi. Je veux que nous partions nous réfugier dans la montagne. Nous souhaitons bonne chance à ceux qui choisissent de rester à l'hôtel, et rejoignons la foule qui se dirige vers la montagne. Soudain, quelqu'un se met à hurler.

— *Run, run* (il faut courir) !

C'est la ruée. Tout le monde se met à courir comme des fous pour fuir une nouvelle vague. Les gens se bousculent, se marchent dessus. Des hommes portent sur leurs épaules des enfants blessés. Robin est paniqué. Il pleure.

— Je ne reverrai plus mes frères.

— Tu les reverras. Mais il faut que tu coures !

Nous arrivons en haut. Cela nous a pris 20 minutes. Je crois que ça relève de l'exploit sportif. Nous mettrons 45 bonnes minutes à redescendre. Là-haut, c'est la cour des miracles. Des Thaïlandais, des touristes de toutes les nationalités, des blessés, des gens en maillots de bain, en larmes, hébétés. Une femme scandinave a perdu les siens. Elle tremble comme une feuille.

J'essaye de la réconforter. Elle est prise en charge par des compatriotes. De notre côté, nous avons rejoint d'autres Français. Certains sont touristes comme nous ; d'autres vivent à Bangkok. Nous rencontrons une autre Pascale, elle vit à Bangkok. Elle ne sait pas où se trouve son mari. Son fils Thibaud et notre Robin se lient d'amitié.

Il doit être midi. Il faut se préparer à l'idée que l'on pourrait rester là plusieurs jours. Pas moyen d'avertir Phuket. Aucun téléphone portable ne fonctionne. Personne ne sait vraiment ce qui se passe. Nous sommes plusieurs à redescendre pour chercher des couvertures, des canettes et des biscuits, dans une paillote accrochée à flanc de montagne. Dans les décombres, nous trouvons aussi du whisky thaï et des barres de chocolat. Nous distribuons les vivres aux rescapés.

La jungle est parsemée de lianes et de ronces. La végétation nous empêche d'apercevoir le large. L'un de nous grimpe de temps à autre pour surveiller les bateaux, toujours rassemblés en mer. Tant qu'ils ne rentreront pas au port, nous resterons sur la montagne.

La nuit tombe vers 18 heures 30. Une nuit dense, éclairée par la pleine lune. Entre la foule et la végétation, difficile de trouver une place où s'allonger. Quelqu'un joue de la guitare. On se passe le whisky thaï. Chacun se bat contre sa propre angoisse.

Soudain, en pleine nuit, quelqu'un crie :

— *Water, water* ! (eau, eau !)

Ca recommence. Cette fois, c'est la fin. Tout se fige, dans mon corps et dans mon esprit. Les gens se bousculent, s'écrasent, veulent monter les premiers dans les arbres. Je ne bouge pas. Si l'eau arrive jusqu'ici, rien ne sert de monter plus haut, c'est fichu. J'embrasse mon fils. En silence, je lui demande pardon de l'avoir emmené en Thaïlande. J'attends la vague, qui va tout engloutir.

Rien ne vient. Fausse alerte. Les gens redescendent des arbres, un peu penauds. Ils se passent de l'eau, des couvertures. Dans la panique, beaucoup veulent sauver leur peau. Comment leur en vouloir ? Chacun fait ce qu'il peut.

À 6 heures, le jour se lève. Le guetteur nous annonce que les bateaux sont rentrés au port. Nous décidons de redescendre. En bas, les dégâts sont indescriptibles. Il y a des bateaux sur les toits. Et des corps partout, recouverts d'un drap. Quand nous passons devant un cadavre, mon fils Robin regarde ailleurs. Nous repassons à l'hôtel. Dans une pièce du bas, ils ont entreposé les corps. Je fais marche arrière. Je ne suis pas préparé à cela. Je cherche la boutique où nous étions la veille. Tous les commerces de bord de mer ont été rasés. La boutique *PP Marijuana* n'existe plus. Les derniers clients sont morts noyés.

Mon Dieu.

Les premiers secours arrivent vers midi. Les hélicoptères font la navette avec Phuket. Je suis soulagé de voir enfin des costumes officiels. Nous prenons un bateau vers 14 heures, pour rentrer à Phuket. Au moment de quitter l'île, un homme se met à hurler. Il dit qu'il veut retourner à Ko Phi-Phi. Cet homme était en vacances en Thaïlande avec toute sa famille.

Il quitte l'île tout seul.

Nous arrivons à Phuket. Un décor de guerre. C'est devant de grands panneaux où sont placardées des listes de disparus que nous retrouvons le jeune thaïlandais de l'université de Phuket, qui était chargé de notre séjour ici. Il nous voit tous les trois, avec nos valises, et se met à pleurer. Il répète :

— C'est un miracle, c'est un miracle.

Nous allons au temple. Le jeune thaï veut déposer une offrande à Bouddha. Il nous ramène ensuite à l'université. Jamais je n'oublierai ce moment. Du président aux étudiants, ils étaient tous là pour nous accueillir. Ils voulaient nous toucher, nous embrasser, nous féliciter. Nous dormons deux nuits à l'université. Nous sommes comme hypnotisés par les images qui défilent à la télévision. Mon fils prend une feuille et un stylo et dessine le tsunami. Un soir, je descends fumer dans la cour de la cité universitaire. Beaucoup de rescapés y sont hébergés. Un touriste suédois fume, lui aussi. Il a besoin de parler. Le 26 décembre au matin, il était dans l'eau avec sa femme, sa fille et son fils. Quand la vague est arrivée, il s'est mis à courir comme un fou. Mais les enfants ne suivaient pas. Il a dû faire un choix. Il a pris son fils par la main, en laissant sa fille derrière, et a continué sa course. Tous les deux se sont réfugiés dans la montagne, persuadés d'être les seuls survivants. Là-haut, le Suédois a retrouvé sa femme, qui avait sauvé sa fille. En me racontant ça, il pleurait.

— Vous comprenez, j'ai dû faire un choix, me dit-il. Je vis avec ça.

La mission universitaire a été écourtée. Nous avons été conduits à l'aéroport de Phuket, escortés par un camion militaire qui ramenait des cercueils. Pascale et Robin sont partis pour la France le 29 décembre, vers 23 heures. J'ai pris l'avion suivant, bondé de rescapés. Les gens avaient besoin de parler, de raconter, de comprendre.

Pourquoi eux et pas moi ?

Ma mère, en me voyant, m'a serré dans ses bras. Longtemps. La relation avec mes parents n'a pas toujours été au beau fixe. C'est la première fois que ma mère me serrait dans ses bras comme ça. J'ai pleuré.

Les jours qui ont suivi n'ont pas été faciles. Nous flottions. Nous n'étions plus là-bas, mais pas vraiment en France. La famille a fêté le nouvel an. Nous, nous étions ailleurs. J'ai dit à Robin qu'il fallait que cette expérience nous serve de leçon. Qu'il fallait apprendre à mesurer les choses. Arrêter de se plaindre, pour un oui, ou pour un non. Faut-il avoir frôlé la mort pour changer le regard que l'on porte sur la vie, sur sa vie ? Depuis que nous sommes rentrés, je me sens différent, en décalage. Je ne sais pas comment dire. Certaines conversations m'apparaissent dérisoires.

Je suis retourné travailler. Dans mon bureau, chaque chose se trouvait exactement où je l'avais laissé, y compris les post-it que j'avais collés sur mon écran. Là-bas, tout était détruit. Ici, rien n'avait bougé. À quoi tient la vie ?

Avant de partir en Thaïlande, je commençais tout juste à me poser des questions. On parle de la crise de la quarantaine. Peut-être. Ma vie était sur des rails. Je pouvais laisser filer. Ou prendre les choses en main. Si je n'étais pas revenu de Kho Phi-Phi, que serait-il resté de moi ? Je crois que le tsunami va m'aider à aller plus vite. J'ai le sentiment qu'une seconde vie m'est offerte. Je ne veux pas la gâcher. Je veux aller à l'essentiel.

Mon père est un immigré italien. Il a travaillé toute sa vie comme un fou. Il était policier. Il disait qu'il fallait travailler beaucoup. Et même plus que les autres, car nous n'étions pas chez nous. Il a cru bien faire. Pour lui et pour nous. Mais moi, petit, je n'ai pas connu mon père. Je ne l'ai jamais vu vivre. Étudiant, j'ai fait comme lui. Je ne prenais jamais de vacances. Je travaillais pour financer mes études. Ensuite, c'est ma carrière qui a beaucoup compté.

Je ne veux plus vivre comme ça.

Je veux m'occuper de ma famille. Voir mes enfants grandir. Arrêter de courir. Me dire chaque jour que je suis heureux de cette journée. Ne pas remettre au lendemain. Fuir les moments où je fais semblant de vivre. »

JEAN-LOUIS CACCOMO,
42 ans, économiste.
Alenya
(Pyrénées-Orientales), France.

– 13 –

EXPRESSION ÉCRITE

« Le tsunami. Des corps des gens morts qui flottent dans l'eau. Des maisons à moitié détruites avec des gens toujours dedans. Un train en train de couler. Beaucoup de débris, des personnes qui essayent de se sauver en s'accrochant à des palmiers. »

INÈS GRAWITZ,
9 ans, écolière.
Colombo, Sri Lanka.

– 14 –

LE LOUP

La fille

« J'ai eu peur, très peur. Une peur que je n'arrive pas à décrire. Tout a commencé par une panne d'électricité. Ce devait être le jour de notre première plongée. C'est pour faire de la plongée sous-marine que nous avons choisi de partir aux Maldives. Avec Thomas, nous voulions faire un voyage de noces extraordinaire, un voyage que personne de notre entourage n'avait jamais fait.

Tout a commencé par une panne d'électricité. Nous étions avec le moniteur, qui nous donnait des instructions pour notre première matinée de plongée. Nous sommes sortis de la salle. L'île était inondée. Je ne me suis pas inquiétée. J'ai fait le lien avec la pleine lune. La marée est toujours plus forte les jours de pleine lune, non ?

Ensuite, tout s'est enchaîné.

— On stoppe tout pour aujourd'hui. Il se passe quelque chose.

Nous avons croisé notre voisine de bungalow. Une Allemande. Elle était en pleurs.

— Mon bungalow a explosé… Le vôtre n'a rien…

On s'est mis à courir vers les bungalows. On ne pensait pas à la vague, mais à nos affaires. On pensait juste à nos affaires.

C'était vrai. Le bungalow de la voisine était dévasté. Le nôtre avait été protégé par des arbres, juste devant.

Je trouvais qu'ils nous cachaient la vue. Si j'avais su…

La porte-fenêtre de la chambre était enfoncée, et l'eau était entrée, avant de se retirer. Nos sacs étaient trempés. Thomas a mis nos affaires en sécurité. Il a récupéré l'argent et les passeports. Moi, je suis restée dehors. Je regardais la mer. Je voyais bien qu'elle n'était pas normale. Il y avait des vagues dans le lagon. J'avais peur.

La mère

C'était dimanche, le lendemain de Noël. Nous nous sommes levés un peu tard. Vers 10 heures, le téléphone a sonné. C'étaient nos meilleurs amis. Ils habitent à Lyon. Ils avaient écouté les informations. Ils nous ont dit qu'un raz-de-marée avait touché le Sri Lanka. Et les Maldives.

Nous sommes tout de suite partis chez nos voisins. Ils ont Internet. Nous voulions essayer de situer les Maldives. Edwige m'avait montré des photos de l'hôtel où ils partaient, mais je me suis aperçue que je ne savais pas comment il s'appelait, ni même où il se trouvait. Ma mère était possessive, elle voulait tout savoir. Moi, par discrétion, je ne pose pas beaucoup de questions.

Les femmes ont peut-être plus d'intuition que les hommes. Je n'étais pas trop inquiète. Je ne sais pas pourquoi, mais j'ai dit à mon mari :

— Ne t'en fais pas, il n'est rien arrivé.

Cela m'a rappelé un autre voyage d'Edwige et Thomas, il y a quelques années. La voisine m'avait téléphoné :

— La Turquie. Il y a eu un tremblement de terre.

À l'époque, déjà, j'avais essayé de ne pas m'affoler, et de réfléchir. Sur une carte, j'avais vu que le séisme s'était produit à 700 kilomètres de l'endroit où ils étaient. Je me suis dit : 700 kilomètres, c'est comme si un tremblement de terre avait lieu à Bordeaux. Nous, à Lisieux, je ne pense pas que nous serions touchés.

Il faut toujours positiver. Cette fois encore, j'ai eu le même réflexe. J'ai pris l'atlas et j'ai regardé s'ils étaient loin de la zone touchée. Mon mari était très inquiet. À la télévision, ils donnaient un numéro pour les familles. Nous n'avons jamais réussi à les joindre. C'était toujours occupé.

Mon mari ne tenait plus en place. Il était incapable de réfléchir, incapable de se poser. Nous avons perdu un fils, il y a sept ans. Il y avait tant de choses qui remontaient. Pourvu qu'il n'y en ait pas encore un qui ait décidé de partir. C'était ce qu'on se disait.

La fille

Près de la piscine, nous avons retrouvé des gens que nous avions croisés plusieurs fois depuis notre arrivée. Des vacanciers, comme nous. L'ambiance était plutôt détendue. Nous leur avons raconté notre voyage en Turquie, il a cinq ans, au moment du tremblement de terre d'Izmit. Nous, on était à Izmir, mais tout le monde s'était inquiété… L'anecdote les a fait sourire. Ça nous a permis de nous détendre un peu, de relativiser. Quand on est en vacances, on ne pense pas qu'une catastrophe peut arriver. Au bout d'un moment, nous sommes allés nous asseoir sur les transats. On a vu le lagon se vider. On a pensé que c'était fini.

La deuxième vague, je l'ai vue arriver d'un coup. Une vague toute plate, qui ne s'arrête pas, qui emporte tout sur son passage, et qui vous arrive dans les pieds, comme ça, à hauteur des mollets. J'ai eu très peur. Tout le monde s'est mis à courir dans tous les sens. J'ai entendu une dame qui parlait de tremblement de terre. On est tous montés dans les arbres. Les gens de l'hôtel sont arrivés avec des gilets de sauvetage. Personne ne savait ce qui se passait. Ils nous ont demandé d'aller nous réfugier dans le restaurant. C'est ce que nous avons fait. Et nous sommes restés là, accrochés aux piliers.

Et puis l'eau est arrivée dans le restaurant. Elle s'est mise à monter. Cinquante, 70 centimètres… On ne savait pas si ça allait s'arrêter. Je ne pensais plus à rien, et en même temps, beaucoup de choses défilaient. Je me demandais comment nous allions nous sortir de là, combien de temps ça allait durer. Il y avait du bruit. Tout le monde se parlait.

À midi, le patron de l'hôtel est venu nous dire qu'il y avait eu un tremblement de terre en Indonésie. Il a parlé de trois mille morts. Il a dit que le Sri Lanka était dévasté. C'était un peu confus. C'est ce qu'il a dit à la fin qui m'a marquée.

— Dans deux heures, nous aurons une nouvelle vague. Encore plus forte.

La peur est revenue.

Les deux heures les plus longues de notre vie.

On se demandait à quoi allait ressembler la vague, et si elle allait tous nous emporter. Je ne pouvais pas m'empêcher de penser qu'on s'en sortirait. On savait, nous, qu'on s'en sortirait.

Au bout quelques heures, le patron de l'hôtel est revenu. Cette fois, il nous a dit qu'il n'y aurait pas d'autre vague. J'attrape un téléphone.

Mes parents.

La ligne est saturée. Vingt fois, je recompose le numéro. Je veux leur parler.

La mère

Mon mari était à son bureau, la tête dans les mains. Le téléphone a sonné.

— Allô, papa ? Vous êtes au courant de ce qui s'est passé ?

Edwige.

— Oui, on a entendu que les Maldives aussi étaient touchées.

— Ne vous inquiétez pas, ça va.

— Et Thomas ?

— Thomas aussi, ça va.

La communication a été coupée.

Ils étaient vivants. La tension est retombée. Un peu. La télévision parlait de l'éventualité de nouvelles secousses. Ils ne montraient que des horreurs. On l'a arrêtée.

La fille

J'avais toujours le téléphone entre les mains. La conversation avait duré si peu de temps. Je me suis demandé si ce coup de fil n'allait pas inquiéter mes parents, plutôt que les rassurer.

On nous a donné un nouveau bilan : six mille morts, et Phuket était rayé de la carte. Phuket, je ne savais pas où c'était. On a passé toute la nuit dans le restaurant. Nous avons dormi sur les tables.

J'avais toujours peur. Je me suis aperçue que tout le monde avait peur aussi. Je me suis réveillée toutes les trois heures. Le bruit de la mer était devenu insupportable. Je crois que je ne l'écouterai plus jamais de la même manière.

Le lendemain, l'île était redevenue paradisiaque. Les pontons avaient été arrachés, la terrasse du restaurant avait été soulevée, il y avait des chaises dans la mer... Mais il faisait tellement beau, et la mer était tellement calme... Il fallait encore attendre une journée avant d'être rapatrié. J'ai eu besoin d'aller me baigner. Juste quelques minutes. Il le fallait.

Pour me réconcilier avec la mer.

C'est la dernière nuit que j'ai vraiment eu très peur. Une peur si forte que je n'arrive pas à la décrire, c'est ce que je vous disais. On parlait d'un autre tremblement de terre. Et puis, il a commencé à pleuvoir. L'orage a duré quatre heures. Au petit matin, on a fait les valises à la lumière de nos montres. Encore une panne d'électricité. Ça s'est terminé comme ça avait commencé.

La mère

Jusqu'à leur retour, je n'ai pas osé écouter la radio. J'avais envie d'avoir des informations. Mais j'avais peur d'entendre que ça s'était reproduit.

Nous sommes allés à Roissy. Thomas s'est jeté dans nos bras. On était tellement contents de les voir. Tellement contents de pouvoir les toucher. On voulait qu'ils puissent raconter, pleurer même s'ils le voulaient. Ils étaient heureux de nous voir, heureux de retrouver la France, heureux d'avoir survécu. Mais on les a trouvés très choqués. Nous avons pensé à ceux qui ne s'en étaient pas tirés.

La fille

C'est en arrivant à Roissy, lorsque nous avons rallumé nos téléphones portables, que j'ai vraiment compris l'ampleur de ce qui s'était passé. Nos messageries étaient saturées. Des messages affolés. Là, j'ai compris que c'était vraiment grave. Mais tous ces messages m'ont fait chaud au cœur. Tellement de gens avaient pensé à nous.

Je n'oublierai jamais la gentillesse et le dévouement des Maldiviens. Ils avaient perdu des proches, ils avaient perdu leur boulot, et ils venaient nous remonter le moral. Je crois que j'aurais été incapable de faire ça. Ne pas penser qu'à soi. Toujours aller de l'avant.

C'est une belle leçon de vie.

La mère

Le décès de notre fils nous avait obligés à revoir complètement notre vie. Il avait quatorze ans. Pour nous, il y a un avant et un après. Quand on a vécu le pire, certaines choses ensuite paraissent anodines. Edwige et Thomas étaient rentrés. C'était cela l'essentiel.

Au début, je trouvais Edwige un peu perturbée. J'ai pensé que son travail allait lui changer les idées. Dans le mois qui a suivi, j'ai trouvé qu'elle allait mieux. Ça m'a rassurée. Et puis, en février, Edwige et Thomas sont partis faire du ski. Il y a eu une panne d'électricité dans l'appartement. Edwige a eu une grosse crise d'angoisse, elle ne pouvait pas s'arrêter de pleurer.

Je pense que pour Edwige, ce n'est pas terminé.

La fille

C'est difficile de mettre des mots sur ce qu'on a vécu. J'ai eu tellement peur. Les gens savent qu'on a eu peur, mais ils ne savent pas comment on a eu peur. C'est difficile à expliquer. Cette peur était tellement forte.

Je suis enseignante. Je travaille avec des enfants de CE1. Quand j'ai retrouvé mes élèves, ils m'ont posé beaucoup de questions. Ils étaient soulagés de voir que ceux qui étaient partis là-bas n'étaient pas tous morts.

Ils voulaient savoir ce qui s'était passé. Je leur ai dit que j'avais eu peur. Ils étaient étonnés que des adultes puissent avoir peur. Je ne savais pas comment leur en parler. J'ai cherché. Et puis, j'ai dit :

— J'ai eu peur comme un enfant de six ans devant un loup.

Je les ai regardés.

Je crois qu'ils avaient compris. »

EDWIGE LEVERRIER,
25 ans, institutrice.
St Gervais du Perron
(Orne), France.

MONIQUE RUFIN,
55 ans, institutrice spécialisée.
Lisieux (Calvados), France.

– 15 –

LA PLANCHE

« Le courant me tire vers l'arrière. Je ne quitte pas des yeux la maison qui me sert de point de repère, sur la plage. Le repère s'éloigne. J'essaye de remettre ma planche en place. Le courant est trop fort. Que se passe-t-il ? Soudain, une vague plus forte reflue vers le large. Les surfeurs appellent ça un *back wash.* Ce n'est pas normal. Il y a quelques minutes, la mer était comme d'habitude. Je pense à la pleine lune.

Nos vacances, c'est toujours le surf. J'adore ça. Anne et nos deux enfants aussi. Ces trois dernières années, nous étions partis surfer en Indonésie. Cette année, nous avons décidé de partir au Sri Lanka. Nous avons loué un bungalow pour un mois dans le sud du pays, dans la baie de Mirissa.

J'entends un bruit terrible. Je regarde vers la plage. Ce n'est pas possible. L'eau est en train d'envahir la terre. Les arbres… Les arbres tombent. Je ne vois plus le toit des maisons, au loin. Je crie. Je crie de toutes mes forces. Mais que se passe-t-il ? Que se passe-t-il ? Je rame vers le bord. Je veux sortir de là. Je veux comprendre. Tout d'un coup, l'eau revient vers moi. Oh, non, pas ça. Pas un deuxième *back wash.*

C'était une belle journée. Je m'étais levé vers sept heures. Comme chaque matin, j'étais parti surfer à quelques kilomètres de l'hôtel. Les vagues sont bien meilleures qu'à Mirissa. Mon ami Kasun est passé me prendre avec son *auto rickshaw*. Anne et les enfants devaient me rejoindre plus tard. En fin de matinée, les vagues sont toujours un peu moins fortes, et Anne peut surfer aussi.

Je suis assis sur ma planche. Je tire mon *leash* pour le libérer d'une branche autour de laquelle il commençait à s'enrouler. Je rame au large comme un fou. Je rame et je hurle. Je m'attends à voir une énorme vague s'abattre sur moi et m'engloutir. Je pense que je vais me retrouver au milieu de l'océan Indien. Je pense aussi aux Pyrénées. C'est à cause du rocher, à droite, à 15 mètres de moi. Il paraît gigantesque. Il est tout noir. Il n'y a jamais eu de rocher à cet endroit-là… L'eau s'est complètement retirée. C'est pour ça.

Comme tous les jours, Kasun m'a déposé sur la plage. Vers 8 heures, j'étais dans l'eau. C'était beau. J'étais tout seul. Ce coin n'est pas visible de la route, et il faut connaître le petit chemin qui mène à la crique. J'étais sur le point de faire signe à Kasun pour qu'il parte chercher Anne et les enfants quand le courant a commencé à me tirer en arrière.

J'ai une idée fixe. Retourner sur la plage. Il faut que je retourne sur la plage. Vite. Les rochers, à pic devant moi, crèvent l'océan. L'eau charrie des troncs d'arbres, des charpentes, des bouts de toit. Je peux à peine ramer. La mer, qui s'est retirée, est déjà en train de revenir. Je rame vers la plage en profitant du courant qui, cette fois, me sert. J'avance sur la vague. Ma planche se rapproche du bord. J'arrive tout près, je suis toujours sur la vague... Il faut que je m'accroche à quelque chose, sinon je vais repartir vers le large. Il le faut. Je tends les bras vers un cocotier, mais je rate ma prise. Trop tard. Le ressac me tire à nouveau en arrière. La prochaine fois, c'est la bonne. Sinon, je suis foutu.

Kasun, je l'ai rencontré à la pêche. J'avais un fusil sous-marin, mais je ne savais pas m'en servir. C'est lui qui m'a appris. Nous avons sympathisé. Il nous a présenté ses amis sri lankais. Ils adorent Baptiste et Corentin. Corentin a beaucoup de succès, avec sa petite tignasse blonde.

La vague me ramène vers la plage. Cette fois, je réussis à m'accrocher au cocotier, et me hisse sur le bord. Ça y est. Je sors de l'eau, et cours de toutes mes forces, ma planche sous le bras. Comme tout surfeur, je sais que ma vie est liée à elle. Ma planche, c'est mon flotteur. La vague me suit. Je cours. En face, il y a une maison, et deux garçons sur le toit. Ils me font signe. Vite. Je fais le tour de la maison. Les vitres ont explosé. Il y a du verre partout. J'essaye de l'éviter. À côté de la maison, il y a un bloc de ciment. Je monte dessus, avec ma planche. L'eau se retire enfin.

Je retrouve Kasun, qui venait à ma rencontre. Nous ne comprenons toujours pas ce qui s'est passé. Nous décidons de reprendre la route de Mirissa.

C'est là que je comprends.

Anne et les enfants.

Il n'y a plus de route. Des camions dans les arbres. Des troncs d'arbres arrachés. De la boue partout. Je croyais que la mer n'avait débordé que sur la plage où j'étais. Je ne pouvais pas imaginer qu'elle avait inondé toute la baie. Je n'ai pensé qu'à moi. Je n'ai pensé qu'à sauver ma peau. Je me dis : tu es un enfoiré. Et je cours, je cours de toutes mes forces. Kasun me talonne. On court comme des fous. Il y a de l'eau partout. Et beaucoup de morts, surtout des personnes âgées. Enfant, j'avais vu mon grand-père sur son lit de mort. Mais je n'avais vu ça, tous ces corps. À chaque fois que l'on croisait quelqu'un, Kasun demandait des nouvelles de Mirissa. Les versions n'étaient jamais les mêmes. Parfois, on lui disait : Mirissa, ça va. Parfois, on se lamentait : ah là là, Mirissa… Courir. Courir plus vite.

Nous entrons enfin dans la ville.

Anne et les enfants.

Nous courons vers l'hôtel. Il n'y a plus rien. Les murs d'enceinte sont par terre, on voit la mer. Les huit bungalows sont détruits. Sur le chemin, il y a une femme. Elle est morte. Ses cheveux flottent à la surface de l'eau. C'est notre voisine de bungalow, une vieille dame canadienne. Un mur lui est tombé sur les jambes. Nous sommes trois ou quatre à nous jeter sur elle, pour la dégager. J'ai peur. C'est à ce moment-là que le patron de l'hôtel se dirige vers moi. Il me dit : « Ne t'inquiète pas, ta famille est au temple, tout va bien. » Avec ma planche, mon short et mon lycra, c'est comme si j'arrivais de la lune. Je continue ma course en direction du temple. Les Sri Lankais que je croise m'indiquent la direction. Par ici, par là. Je prends un chemin qui monte. J'arrive en haut...

Et là, je les vois.

Anne, Corentin, Baptiste.

Tous les quatre, on s'est serré longtemps dans les bras.

On n'a pas parlé tout de suite de ce qui nous était arrivé. Il fallait digérer. Essayer de comprendre ce qui s'était passé. Et puis, les heures ont passé. Et Anne m'a raconté. Elle m'a dit qu'elle avait cherché le petit. Qu'elle l'avait cherché longtemps. Elle m'a dit qu'elle s'était mise à genoux, et qu'elle avait prié. Elle m'a dit : « Je cherchais une petite tête blonde. » Moi, j'avais l'image des cheveux de la vieille dame canadienne, qui flottaient sur l'eau. Quand je pense qu'Anne s'attendait à voir ça...

C'est long à imaginer, tout ça.

Anne m'a dit ensuite que c'était Geeth, le serveur de l'hôtel, et Janguanath, le jardinier, qui avaient sauvé Corentin et Baptiste. Le bungalow s'était écroulé, elle avait été emportée par la vague, sur le chemin. Baptiste n'était pas loin, il nageait au milieu des débris. Mais elle ne voyait plus Corentin.

C'est long à imaginer, tout ça.

J'ai retrouvé nos planches de surf, dans le jardin. Je ne savais pas comment remercier les deux jeunes de l'hôtel. Pour ce qu'ils avaient fait. Je savais que Geeth rêvait de se mettre au surf. Je lui ai donné une planche.

Nous avons passé les jours suivants chez nos amis Sri Lankais, dans leurs maisons éclairées à la bougie. Toute la journée, je fouillais dans les décombres, dans le périmètre de l'hôtel. Je cherchais des chaussures, des vêtements, des médicaments. Anne est infirmière, elle soignait les blessés.

Et puis Kasun nous a trouvé un moyen de rentrer à Colombo.

Je ne voulais pas partir.

Je ne voulais pas quitter mes amis Sri Lankais.

Le bus nous a laissés aux portes de l'ambassade de France. J'ai eu l'impression qu'on m'arrachait à tout ça. Il a fallu rentrer. C'était vraiment malgré moi.

Nous avons pris l'avion le lendemain. C'est à Paris que j'ai craqué. À Roissy, je me suis mis dans un coin, et j'ai pleuré. J'ai vu quelqu'un de la cellule de crise. Ça m'a fait du bien de parler.

Pour nous, c'était vraiment fini. Les Sri Lankais, eux, ont tout perdu. C'est pour cela que nous avons décidé de monter une association. Le QG, c'était notre maison de Lacanau. Le téléphone commençait à sonner dès 8 heures du matin, pour ne s'arrêter que tard dans la nuit. Plusieurs fois, je suis reparti au Sri Lanka, avec des volontaires, et des infirmières. C'est Kasun qui s'occupe de tout là-bas. L'association finance la reconstruction de maisons pour reloger les réfugiés qui vivent dans des camps de toile, au bord de la route. Nous avons déjà deux chantiers.

J'ai eu des nouvelles de Geeth, le petit serveur de l'hôtel. Il s'est mis au surf, ça y est. »

STEPHEN ESCOLA,
35 ans, restaurateur.
Lacanau (Gironde),
France.

– 16 –

UN GESTE ET UN SOURIRE

« La nuit est tombée depuis longtemps sur l'aéroport de Roissy. Il est 22 heures, ce dimanche 26 décembre. J'assiste à une cérémonie organisée pour des familles endeuillées de Charm el-Cheikh. Cela fait un an, jour pour jour, qu'elles ont dit au revoir à leurs proches qui partaient passer les fêtes de fin d'année en Égypte. Ils ne sont jamais revenus ; l'avion s'est écrasé dans la mer Rouge le 3 janvier 2004. Des familles ont tenu à organiser une veillée commémorative tout près de la zone d'embarquement, à l'endroit où elles avaient vu leurs proches pour la dernière fois. C'est à la fin de cette cérémonie, en allant saluer ceux qui faisaient le service de nuit, que j'ai été informée de la mise en place d'une cellule de crise le lendemain matin pour accueillir les rescapés du tsunami. J'ai prévenu par SMS mes collègues de l'aumônerie. Nous nous relaierons tout le temps nécessaire.

Je travaille à l'aéroport de Roissy depuis plus de deux ans. L'équipe d'aumônerie des Aéroports de Paris (ADP) est composée, à Charles De Gaulle, de deux prêtres, un pasteur, un rabbin, un imam, et moi. Nous assurons des permanences dans les centres spirituels où des personnes – passagers ou personnels de l'aéroport –

viennent prier, se recueillir un moment, ou chercher un lieu d'écoute. Dans les coups durs, nous faisons partie des cellules de crise. Nous sommes allés à Charm el-Cheikh avec les familles, et nous avons participé à l'accueil des rapatriés de Côte d'Ivoire.

L'arrivée du premier avion est prévue vers 6 heures du matin. Nous sommes tous au rendez-vous : personnels et volontaires d'ADP, de la Croix-Rouge, du Secours catholique, médecins et psychiatres, représentants des autorités. Chacun connaît la tâche précise qu'il a à accomplir. Notre rôle à nous, aumôniers, c'est d'être là. Tout simplement. L'aéroport est un lieu de transit, où se jouent des choses importantes. L'accueil des victimes rapatriées est essentiel. L'accueil des familles l'est tout autant. Avant l'arrivée de l'avion, j'ai croisé une femme. Elle attendait un proche. Elle m'a dit :

— Si vous saviez comme c'est dur aussi pour nous qui ne l'avons pas vécu.

Cette femme avait besoin de confier ce poids trop lourd à porter. Et puis, elle est partie. Je ne l'ai plus revue. C'est pour cela que nous sommes là.

Les avions en provenance d'Asie sont arrivés. Les rescapés du raz-de-marée étaient souvent en grande souffrance. Tous, ils avaient vu des choses qu'on ne voit jamais. Ils avaient vu la mer envahir la terre. Ils avaient vu leurs proches, et d'autres avec, être emportés par les flots, sans pouvoir rien faire. Vous vous demandez ce que je peux leur dire. Mais rien. Je ne leur dis rien. Nous n'avons rien à dire. Que dire à quelqu'un qui a perdu un être cher ? Il n'y a pas de réponse à la souffrance. Un jour, j'ai entendu quelqu'un dire à une mère qui venait de perdre son enfant dans un accident : « Votre enfant est heureux avec Dieu. » Je crois qu'on n'a pas le droit de dire cela. Il faut attendre que la personne endeuillée soit prête à entendre de telles paroles. Quand on se trouve auprès d'une mère qui vient d'apprendre que son gosse est mort, il faut fermer sa gueule. Vous pouvez l'écrire dans le texte ! La souffrance doit être respectée. Il ne faut pas nier la souffrance. Dire à ce moment-là : « Ne pleurez pas, votre enfant est dans les mains de Dieu », c'est nier la souffrance, c'est mettre de côté la force et la beauté des liens du sang.

L'accueil des rescapés du tsunami m'a fait beaucoup réfléchir. Comment accueillir ? Comment accueillir bien ? Devant la détresse, le premier réflexe est de vouloir soulager. Mais il me semble que parfois, la seule manière d'aider celui qui souffre, c'est précisément de ne rien faire. Ne rien faire, mais être là. L'important, c'est de montrer que nous sommes disponibles. Laisser les gens libres de venir ou pas. Ce n'est pas notre rôle de provoquer, de leur demander de dire ou de raconter. Les médias insistent sur la nécessité de parler quand on a vécu un événement traumatisant. Ce n'est pas tout à fait juste. Parler ne veut rien dire. On ne parle pas dans le vide, on parle à quelqu'un. Et ce n'est pas forcément à nous, chargés de les accueillir, que les victimes ont besoin de parler. Ce qui s'est passé n'appartient qu'à eux. Pour nous, aumôniers, la présence ne passe pas obligatoirement par la parole. Elle peut passer par un regard, un geste, un sourire. L'essentiel, c'est la sobriété. Ce n'est pas parce que des personnes ont souffert que l'on a le droit de s'introduire dans leurs vies.

Nous pouvons aussi être un soutien pour les autres membres de la cellule de crise. Entre deux avions, une personne de la cellule m'a dit : « Toute mon équipe est en train de craquer, il faut que je puisse tenir le coup. » C'était important de pouvoir le dire à quelqu'un, avant de repartir au front. Pour nous, aumôniers, dans les catastrophes comme dans les jours ordinaires, il s'agit d'écouter l'essentiel, ce qui a du poids. Parfois avec des mots, parfois sans. L'écoute des psychologues est autre. Elle est importante aussi, mais elle est différente.

Avec l'arrivée des rescapés du tsunami, les membres de l'équipe d'aumônerie, comme d'autres, ont côtoyé des douleurs immenses. À la télévision, si j'ai bonne mémoire, on a dit qu'une maman qui avait deux enfants dans les bras, avait été confrontée à une situation atroce : essayer d'en sauver au moins un, faute de pouvoir les sauver tous les deux. À Roissy, nous avons accueilli de telles souffrances. Et ces souffrances se répercutent en nous. Ce sont les rescapés qui souffrent, pas nous. Mais leurs souffrances résonnent dans notre cœur. La nôtre est un écho de la leur.

Je dois tenir aussi. Je fais comme je peux. J'ai besoin de beaucoup de solitude pour intégrer ce que j'ai vécu. Un soir, en rentrant de Roissy, j'ai eu envie d'aller prier. Je sentais arriver toutes les larmes retenues pendant la journée. Je me suis dit : « Je n'y vais pas, car si j'y vais, je vais m'effondrer. Demain matin, je dois être là pour l'arrivée des avions suivants. Je ne peux pas me le permettre. » Je ne suis pas allée prier. C'était une erreur. Ce soir-là, j'avais besoin de tout lâcher. C'est cela que j'ai compris avec le tsunami. Quand nous en ressentons le besoin, il faut prendre le temps de s'arrêter, ne pas avoir honte ou peur de pleurer. Ce soir-là, j'ai tout raté : mon rendez-vous avec moi et mon rendez-vous avec Dieu, l'un et l'autre, ensemble ! Ce qui m'aide aussi, c'est la solidarité entre nous, les « accueillants ». Même quand nous nous connaissons peu, cette solidarité demeure. Et c'est beau.

Pour pouvoir être « au feu », il faut être en paix avec la mort. Si l'on se trouve en état de révolte, l'accueil au sein de la cellule de crise est trop dur à vivre. Les personnes qui arrivent ont besoin d'une sérénité. Pas d'un grand discours. Je n'ai pas toujours été en paix avec la mort. Il y a longtemps, l'un de mes cousins est mort. Il avait vingt-deux ans. Ce fut une première révolte. Et puis, il y a eu l'avalanche meurtrière de Val d'Isère, le 10 février 1970. J'étais alors toute jeune religieuse. Un chalet de l'UCPA a été emporté. Il y a eu trente-neuf morts. Ce centre de vacances, je le connaissais bien. Le jour où j'ai appris la nouvelle était une journée de prière, avec ma communauté. J'ai passé cette journée à gueuler contre Dieu. Avec le temps, je me suis apaisée. Je ne sais pas ce qui m'a aidée. Peut-être la mort de ma mère. Elle est morte paisiblement. J'avais vingt-sept ans. Jusqu'au bout, elle m'a tendu des perches pour me dire qu'elle allait partir. Je n'ai pas su les saisir. Je n'ai pas voulu les saisir car je ne voulais pas qu'elle meure. J'ai compris plus tard, j'ai compris après. Je me suis promis d'essayer d'être plus attentive la prochaine fois. Cela m'a aidée ensuite pour accompagner la mort de proches, leur mort à eux. La mort fait partie de la vie.

Ces moments vécus à Roissy ou ailleurs, après une catastrophe, vous marquent pour longtemps. Quatre mois après le crash de Charm el-Cheick, je suis partie dans les Landes pour me reposer. Je me suis retrouvée seule au bord de la mer, et je me suis mise à pleurer. C'est la mer de Charm el-Cheick que je voyais… et la douleur des familles.

J'ai une mémoire affective. Lorsque des choses me touchent, belles ou lourdes, elles restent dans mon cœur. Les rescapés du tsunami que j'ai rencontrés sont encore présents à ma vie. Je prie souvent pour eux. Il m'arrive de garder des liens avec des personnes que j'ai accueillies. C'est le cas de certaines familles de Charm el-Cheick. Ce n'est jamais moi qui fais le premier pas. Comme aumônier, j'ai vécu des choses difficiles avec elles, mais leur vie, à elles, n'est pas là. Leur après ne m'appartient pas. Si elles souhaitent garder un lien, elles savent que je suis là.

La vie est chienne. La vie est belle, aussi. »

BERNADETTE DELIZY,
59 ans, religieuse
(Congrégation Sainte Clotilde)
Aumônier à l'aéroport
Charles-De-Gaulle.
Roissy (Seine-Saint-Denis),
France.

– 17 –

UNE NUIT À KO PHI-PHI

« J'ai vu des choses cette nuit-là… Mon retour en France n'a pas été facile. Il y a des images qui me reviennent. Je pleure. Je pleure beaucoup. Ma fille a insisté pour que je voie quelqu'un. Je n'y tenais pas. Je n'aime pas parler à des inconnus. Et puis, je ne suis pas à l'aise avec ces gens-là. Mais j'ai voulu la rassurer. J'ai pris un rendez-vous avec une psychologue. Elle ne m'a pas convaincu, elle voulait à tout prix m'aider à exorciser ce que j'avais vu là-bas.

Elle n'a pas compris.

Je crois que personne ne comprend vraiment.

Ce qui me travaille, ce n'est pas ce que j'ai vu. Ce qui me travaille, c'est d'être revenu. C'est d'être ici, à Palavas-les-Flots, alors que mes amis sont là-bas, à Ko Phi-Phi.

Le 26 décembre, j'étais là-bas. J'étais installé depuis plusieurs semaines déjà. J'avais loué un bungalow et je donnais des cours de plongée. Mon métier, c'est cuisinier. J'ai longtemps été restaurateur en France. Et puis, j'en ai eu assez de courir après le temps, de courir après l'argent.

Je voulais changer de vie.

J'ai décidé de vendre mon restaurant, et de partir vivre ailleurs. Je pensais à la Thaïlande. J'avais passé l'hiver précédent à Ko Phi-Phi et je m'y étais plu. Là-bas, on n'a besoin de rien. Je donnais mes cours de plongée, et puis je vivais, tout simplement. J'y suis retourné l'année suivante. J'avais retrouvé mes amis. J'étais bien.

Ce matin-là, nous sommes partis plonger à 8 heures 30. Nous étions à quelques kilomètres de l'île. Vers 10 heures, nous avons senti un courant phénoménal. D'un coup, il nous a traînés sur près d'un kilomètre. On a pris ça comme un jeu. C'est amusant de se faire traîner comme ça, sous l'eau. J'ai senti que quelque chose d'anormal se produisait quand j'ai vu le sable et le corail remonter. J'ai fait signe aux élèves.

— On remonte ! Respectez vos paliers…

L'eau était très agitée. Le bateau a eu du mal à récupérer tout le monde. Le capitaine était inquiet. Il a essayé de joindre l'île par radio. Sans succès.

Nous avons annulé la deuxième plongée, et pris la direction de Phi-Phi.

De loin, on aurait dit que l'île était rasée. Nous nous sommes approchés encore. Un tas de débris arrivaient vers nous. Des morceaux de bois, des téléviseurs… Nous avons regagné le port, et tenté de joindre la police locale. Nous avons reçu la consigne de rester en mer. Les clients de l'école de plongée étaient paniqués. En partant ce matin-là, ils avaient laissé des proches derrière eux.

Des hélicoptères sont arrivés vers 16 h 30.

Nous avons fini par débarquer.

L'île avait été rasée par un raz-de-marée.

La police thaïlandaise a demandé aux plongeurs s'ils

pouvaient aider. Nous sommes aussi sauveteurs. J'ai accepté.

Je suis resté trois jours sur l'île. Il fallait d'abord s'occuper des blessés. Nous les avons mis à l'abri dans un chalet qui avait été épargné. Puis, nous avons dirigé les personnes valides vers un pic rocheux, qui culmine à 400 mètres. C'est un *view point*, qui domine toute la baie. En fin d'après-midi, nous sommes descendus chercher des vêtements, des médicaments, un peu de nourriture. Nous nous sommes organisés. Les touristes se regroupaient par nationalité. L'île compte mille cinq cents habitants, trois ou quatre fois plus à cette période de l'année. Deux hélicoptères arrivaient toutes les demies heures pour évacuer les blessés les plus graves. Ils ont arrêté de tourner vers minuit.

Nous avons passé la nuit à prendre soin de ceux qui restaient.

Deux médecins étaient avec nous. Un Anglais et un Américain. Ils nous ont montrés comment recoudre des plaies. On s'y est mis. Beaucoup étaient dans un sale état. Nous n'avions pas beaucoup de médicaments, ni de pansements. Il fallait se débrouiller avec les moyens du bord. Les blessés gémissaient, nous appelaient. Il fallait aller chercher des couvertures, de l'eau, leur parler, les rassurer. On faisait ce qu'on pouvait.

Cette nuit-là, jamais je ne l'oublierai.

J'ai vu des choses que je n'imaginais pas.

Les hélicoptères sont revenus vers 7 heures le lendemain. Nous avons passé la journée de lundi à prendre soin des derniers blessés. Le soir, nous avons commencé à regrouper les morts. Nous étions nombreux à aider, Européens et Thaïlandais mêlés. Puis, l'armée a pris le relais. Mardi, elle nous a évacués sur Phuket.

Je suis rentré en France parce que je n'avais plus rien. Le bungalow que je louais pour la saison a été emporté. Toutes mes affaires aussi. Je n'avais plus d'argent, plus de papiers. Les Thaïlandais m'ont donné des habits, des chaussures, des cigarettes. Comme toujours, ce sont ceux qui en ont le moins qui sont le plus généreux. Les Thaïlandais ont été incroyables. Ils ont rhabillé les touristes en maillot de bain, ils ont préparé des repas, qu'ils apportaient à la cellule de crise, avec leur scooter. J'en ai même vu qui faisaient des collectes d'argent pour les touristes qui avaient tout perdu.

Je suis rentré en France le jeudi qui a suivi. Avec mon maillot de bain, les vêtements que les Thaïlandais m'avaient donnés, et mon ordinateur de plongée.

Ces images ne me quittent pas. Elles sont là. J'ai encore du mal à en parler, mais elles ne me hantent pas, je ne sais pas comment vous dire. Ce que j'ai vu, je l'ai vu, je l'accepte. Je l'assume. Non, ce qui me hante, moi, c'est d'être rentré en France. J'ai l'impression d'avoir abandonné mes amis de Ko Phi-Phi.

Je n'ai jamais été croyant. Je le suis encore moins maintenant. Ce n'est pas possible qu'il y ait quelqu'un là-haut, et qu'il ait laissé faire ce que j'ai vu. Ma mère, elle, est très croyante. Nous avons de grandes discussions. Je lui dis toujours :

— Quand je prépare un plat, j'y mets du cœur. Comment, s'il existe un Dieu créateur, le monde est-il devenu ce qu'il est ?

Ma mère est restée quatre jours sans nouvelles. Je n'ai pas pu l'appeler, les portables ne marchaient plus. Pendant quatre jours, elle a prié. Je n'ai pu lui parler que le mercredi, en arrivant à Phuket. Quand je suis rentré, elle a dit : « Merci mon Dieu. » Pour moi, ça ne veut pas dire grand-chose.

Un ami restaurateur m'a donné du travail. J'ai créé une association, qui m'aide à tenir le coup. Je cherche des fonds que j'envoie ensuite à Ko Phi-Phi. J'ai fait le tour des administrations, des grandes surfaces. Les gens me disent qu'ils ont déjà donné. Et puis trois mois ont passé, on oublie vite.

Moi, je n'oublie pas. Je ne peux pas. J'appelle mes amis de Ko Phi-Phi plusieurs fois par semaine. Je travaille comme un fou pour mettre de l'argent de côté. Ce qui s'est passé n'a fait que renforcer mon désir de changer de vie. Pourquoi courir ? Après quoi ? En dix minutes, on n'est plus rien. Je n'ai plus de temps à perdre. Je suis divorcé, j'ai une fille de vingt-quatre ans. Ma vie d'avant, je ne la regrette pas, mais je ne l'ai pas vu passer.

Je n'ai plus envie de courir.

J'ai juste envie de vivre.

Je retournerai là-bas.

Je veux que Ko Phi-Phi redevienne Ko Phi-Phi. »

BERNARD LEGENDRE,
46 ans, cuisinier.
Palavas-les-Flots
(Hérault), France.

– 18 –

ÉPARGNÉS

« Nous n'avons rien vu. Nous n'avons pas vu de corps. Nous n'avons pas vécu l'horreur des corps qui flottent sur l'eau. Nous étions en Thaïlande, nous étions à Ko Phi-Phi. Tout était détruit, mais notre hôtel n'a pas été touché. Le village voisin était dévasté, mais l'armée ne laissait pas entrer les touristes. Je les remercie de nous avoir épargnés. C'est une vraie chance. Pour nos enfants : Alexis, dix-huit ans, Arthur, treize ans, et Édouard, sept ans. Pour eux, et pour nous aussi.

Ce jour-là, nous étions sur le bord de la plage avec nos valises et nos sacs à dos. Nous attendions la vedette qui devait nous emmener à Phuket. Soudain, j'ai vu comme une nappe de pollution apparaître et s'élargir dans l'eau. Il y avait de la terre, du bois… J'ai pensé qu'une canalisation venait de sauter. Je me suis même dit : « Les pauvres, avec une pollution, leur saison est gâchée. » Au même moment, j'ai vu les gens s'agiter autour de nous. Ils semblaient pris de panique, mais nous ne comprenions pas ce qu'ils disaient. L'eau s'est retirée d'un coup. La petite vedette qui devait nous emmener à Phuket est partie sur l'eau comme une savonnette sur une toile cirée. C'est tout ce qu'on a vu. On nous a dit de monter sur la colline. J'ai rassuré les enfants. Je me suis dit qu'il n'y avait pas de raison d'avoir peur.

Et pourtant. Les blessés sont arrivés sur la colline, qui s'est bientôt transformée en hôpital de fortune. Au-dessus de nos têtes, un ballet d'hélicoptères. On nous a dit que c'était un tsunami. On attendait une deuxième vague. Nous n'avions pas vu la première... Les blessés continuaient d'affluer. Il y avait des fractures ouvertes. Un enfant blessé au genou cherchait ses parents. Un autre avait vu sa mère disparaître devant lui. J'aurais donné tout ce que j'avais pour avoir un diplôme de médecin. Je me sentais inutile.

C'est le lendemain, en redescendant de la colline, que nous avons vraiment pris la mesure de ce qui s'était passé. L'hôtel voisin du nôtre avait disparu. Il ne restait que les fondations. La pelleteuse qui se trouvait là depuis quelques jours ressemblait à un jouet en plastique. Un jouet qu'on aurait écrasé contre un mur. La plage était couverte de morceaux de bois, de déchets. Ce que je croyais être une nappe de pollution, c'était en fait les bungalows de l'hôtel voisin. Les bungalows qui se déversaient dans la mer.

— Voulez-vous être rapatriés ?

Nous n'avions pas vu la vague. Nous n'étions pas blessés. Pas même un ongle retourné. Nous avons choisi de rester pour aider.

En rentrant, nous avons raconté tout cela pendant des semaines. On en parlait à la maison, les enfants en parlaient à l'école. Tout le monde voulait savoir. Et puis un jour, les enfants n'ont plus voulu en parler. Ils en avaient assez. Je me suis dit qu'ils étaient guéris. Avec le temps, la vie reprend le dessus. Les jours qui ont suivi notre retour, j'étais moins combatif au travail. J'avais moins de rage, moins d'énergie. Je ne voulais plus être le meilleur à tout prix. Cela n'a pas duré. Je retrouve l'envie de gagner, d'avancer. La vie a repris le dessus.

Pourquoi sommes-nous vivants alors qu'il y a des milliers de morts autour ? Pour ma femme, c'est notre ange gardien qui nous a sauvés. Moi, je pense que nous avons eu de la chance. Ce jour-là, nous n'avons rien vu. Nous étions au bon endroit, tout simplement. »

PHILIPPE BIRMAN,
46 ans, dirigeant d'entreprise.
Ozoir-la-Ferrière
(Seine-et-Marne), France.

– 19 –

LE PASSAGE

« Un éclair de lucidité. Une lumière. C'est mon tour, je vais mourir. Je n'ai pas peur. En une fraction de seconde, je suis prête. Je comprends soudain que je ne suis pas la première, que je ne serai pas la dernière. Je fais partie d'un tout.

Nous vivons à Singapour depuis trois ans avec nos deux derniers, Lise, dix ans, et Thomas, sept ans. Léopold, notre fils aîné, étudie à Rennes. Il a vingt-trois ans. Noël est l'occasion de nous retrouver tous. Cela faisait longtemps que nous voulions découvrir le Sri Lanka. Nous avons décidé de passer ces quelques jours de vacances là-bas.

Ce matin-là, nous nous sommes levés tôt pour profiter du lever du soleil sur le parc de Yala, aux portes de l'hôtel. Nous aimons le matin, et ses couleurs ; cette impression que tout est à faire, à construire. Après avoir roulé trois heures sur les pistes de la réserve, nous décidons de rentrer pour profiter de la plage et nous baigner dans l'océan Indien. Le premier bain de mer depuis notre arrivée.

Il est près de 9 heures quand nous rentrons à l'hôtel. Tout est calme. Quelques clients font leur *check out* dans le *lobby*, d'autres se dirigent vers la salle à manger, pour le petit-déjeuner. Je discute avec mon fils aîné. Nous ne voyons pas la mer, cachée par l'hôtel.

Le bruit est arrivé avant la vague.

Un bruit sourd, puissant. Nous n'y prêtons qu'une attention relative. Très vite, une « vague » petite, marron et mousseuse arrive jusqu'à nous. Nous ne faisons aucun lien entre le bruit et la vague. Nous nous regardons, un peu interloqués. Soudain, un homme nous crie de courir. Il arrive de la plage. Personne n'a l'air de comprendre ce qui se passe. Ni de mesurer l'ampleur de ce qui va suivre. Les adultes prennent les enfants dans leurs bras. J'attrape mon plus jeune fils, mais il est lourd. Léopold prend le relais. Mon mari prend Lise à bras-le-corps. Très vite, ils disparaissent de mon champ de vision. Je vois toujours mes deux fils, mais j'ai perdu mon mari et ma fille. Nous courons vite, le plus vite que nous pouvons. Je ne me pose pas de questions. Que peut-il nous arriver ?

Soudain, je suis violemment soulevée de terre. Je n'ai pas le temps de réfléchir à la situation, ni à l'attitude à adopter. Je me retrouve au cœur d'un mouvement, d'un tourbillon, au cœur de quelque chose d'inconnu, d'effrayant. Plusieurs fois, j'ai la tête sous l'eau. Je sais nager, mais très vite, je me rends compte qu'il est inutile de tenter le moindre mouvement. Juste garder la tête hors de l'eau. La vague arrive de nulle part, et elle est partout. Tourbillonnante, affolante. Par deux fois, je coule vraiment, immergée sous un magma de feuilles, de branches, de débris. J'avale un peu de cette eau au goût saumâtre. Un goût de sel, de sable, et de terre aussi. Je comprends que je ne vais peut-être pas m'en sortir, parce que tout cela dépasse mes forces, tout simplement. La vague m'impose une agression terrible, éprouvante pour le corps mais aussi pour l'esprit, qui tourne à dix mille tours. Le courant n'est pas fort, il est cataclysmique. Je me retrouve coincée, je ne peux plus bouger. L'eau continue de monter. Je vais mourir.

Voilà, c'est la fin du voyage.

Pourquoi et comment la vague a-t-elle desserré son étau ? C'est un mystère. J'agrippe une branche. Je me hisse à la surface. Je vois mon fils aîné, à quelques mètres de moi, lui aussi sur un arbre. Le courant commence à se calmer, l'eau se retire. Je récupère mon plus jeune fils, assis sur un tas de branches. Léo a maintenu la tête de son petit frère hors de l'eau. Nous nous embrassons et nous nous écroulons sur le sol. Un sol vaseux, boueux, jonché de serviettes, de chaises cassées, de couvre-lits ou de chaussures, emportés comme nous depuis l'hôtel. Hommes, femmes, enfants, objets, nous étions tous comme des bateaux de papier sur une mer déchaînée.

Tout autour de nous, c'est le chaos. Des cris, et des pleurs. Un homme sort d'un buisson d'épineux. Il est Français. C'est un client de notre hôtel, je le reconnais. Il me dit qu'il cherche sa femme et ses enfants. Il s'appelle Denis. Le soir de Noël, nous avons dîné dans le même restaurant. Je me souviens aussi avoir croisé sa femme, Isabelle.

Je pense à ma fille, à mon mari, où sont-ils ? J'ai peur, je voudrais pleurer mais les larmes ne viennent pas. Je me sens tarie.

Nous sommes évacués vers un village tout proche, Tissamaharama, et conduits dans un hôpital de campagne. Là, nous retrouvons Denis, et un autre client de l'hôtel, Vincent. Ils sont très mal en point. Ils ont été soignés avec les moyens du bord. Léo est inquiet, Thomas agité, nous ne savons toujours pas où sont Lise et Philippe. Nous les retrouverons quatre heures plus tard. Ils étaient restés à proximité de l'hôtel. Après plusieurs tentatives, Philippe avait réussi à grimper sur un arbre serrant toujours Lise contre lui. Il ne pensait qu'à cela, la sauver.

Pourquoi avons-nous survécu, alors que tant d'autres ont été emportés par la vague ? Difficile de répondre. La chance, le fait que nous n'étions pas dans les chambres et donc coincés entre quatre murs quand l'hôtel s'est écroulé ? Au moment où j'ai cru que tout était fini pour moi, j'ai pensé à mon père, mort il y a quelques années. J'allais le retrouver. Je ne devais pas avoir peur. Peut-être m'a-t-il aidée ?

Le jour même et le lendemain, nous sommes allés voir Denis, à l'hôpital de Tissa. Toujours pas de nouvelles d'Isabelle, Ugo et Tom. Mais le corps de l'amie de Vincent avait été retrouvé. Philippe a proposé à Denis et Vincent de remonter avec nous à Colombo. Notre chauffeur avait contacté le tour-opérateur, il nous envoyait un minibus. Denis a hésité. Mais ses blessures nécessitaient des soins. Au petit hôpital de Tissa, les médecins avaient fait tout ce qu'ils avaient pu.

Nous sommes donc partis. Sept ou huit heures de voiture sur une route défoncée, la seule praticable. La route de la côte avait été complètement dévastée. À notre arrivée à Colombo, nous avons déposé Denis et Vincent au *General Hospital* (hôpital général). Nous sommes ensuite partis à l'ambassade de France où nous avons été accueillis par Mary, une infirmière canadienne mariée à un Français. Mary nous a reçus chacun à tour de rôle, et nous a écoutés avec attention, douceur. Elle nous a ensuite proposé de nous héberger chez elle. Nous lui avons parlé de Denis et de Vincent. Elle s'est occupée de les faire transférer dans le meilleur hôpital de la ville. Nous sommes restés quelques jours chez Mary et sommes très vite devenus amis.

Nous avons quitté le Sri Lanka le 29 décembre au soir, par un vol de nuit. De retour à Singapour, les enfants ont beaucoup parlé de la vague. Ils avaient peur qu'un autre raz-de-marée ravage les côtes de Bretagne, où nous avons notre maison de famille. Nous les avons rassurés. La vague ne reviendrait pas. Ma fille me disait : « Maman, la vague est dans ma tête. » Je lui répondais de la laisser aller et venir, qu'il n'y avait plus rien à craindre. Mieux valait apprivoiser la vague plutôt que de lutter contre elle. La vague s'invitait également dans mes nuits, de longues insomnies. J'essayais, comme ma fille, de la laisser venir, puis repartir. Parfois, je me surprenais même à l'attendre... Mon mari a repris le travail, un peu absent. Nous étions encore très troublés. Nous téléphonions plus souvent à Léopold, il allait bien...

Au cours des premiers jours, nous avons mille fois réécrit l'histoire : et si... Et puis, nous avons choisi de nous tourner vers l'avenir. Nous sommes vivants. Vivants. Cette vague ne doit pas rester une blessure, il nous appartient de la dépasser. Depuis que je suis rentrée, je me sens plus disponible pour mes enfants, et pour mes amis, les vrais. Autrefois si friande de cocktails et de vie sociale, j'ai pris le large. Avant la vague, le regard des autres comptait beaucoup. Aujourd'hui, beaucoup moins. Je pense à cette phrase de saint Augustin : « Aime et fais ce que tu veux. »

En février, nous avons décidé de retourner au Sri Lanka, Philippe et moi. Nous voulions comprendre, voir. Cela peut paraître incroyable mais nous voulions remarcher sur cette plage de Yala et retrouver les gens qui nous avaient aidés. Prendre des photos et peut-être même, tant pis si le mot est fort, faire un pèlerinage... Le premier jour, sur la plage de Yala, nous sommes restés ahuris, sans voix, l'hôtel, la plage, n'étaient que ruines et désolation. Philippe et Denis se sont longuement parlés au téléphone. C'est aussi un peu pour lui que nous y retournions. La vague nous a à jamais rapprochés.

En fouillant les débris et les gravats, nous avons retrouvé des vêtements, des chaussures, les nôtres et d'autres…

Puis, nous avons allumé des bougies sur la plage. Une lumière, des flammes balayées par le vent mais qui ne se sont pas éteintes.

Le 28 mars, j'ai décidé d'aller aux funérailles d'Isabelle, Ugo et Tom, à Antibes, dans le sud de la France. En voyant Denis, la matinée du 26 décembre m'est revenue, la vague, la peur mais aussi un formidable élan de compassion et d'amitié. Je devine un homme secret, pudique, qui ne fait pas étalage de sa souffrance. Le jour de la cérémonie, il a lu un poème de Blake. Un très beau poème sur la mort.

Le tsunami n'a pas changé ma vie, il a changé ma vision de la mort. Je n'ai plus peur. La mort est un passage. Une ouverture vers un monde familier, peuplé des êtres qui nous sont chers. Nous n'oublierons jamais cette matinée ni ceux qui sont morts ou disparus. Nous faisons partie d'un tout. Cet été, nous projetons de nous retrouver, Denis, Vincent, Mary, pour célébrer la vie et ne pas craindre de parler de ceux qui sont partis.

La mort fait partie de la vie. »

BÉRANGÈRE PRÉVOT,
47 ans, écrivain.
Singapour, Singapour.

– 20 –

LES PASSEPORTS

« Je parcours les rayons du supermarché. Nous sommes le 29 décembre, il est 9 h 45. Je suis en vacances. Mon téléphone sonne. C'est le médecin chef des pompiers de Paris.

— Albarello ? Êtes-vous disponible pour partir en Thaïlande ?

— Oui, mon colonel.

— Vous monterez une cellule médico-psychologique à Bangkok. La durée de la mission est indéterminée. Deux autres médecins vous accompagnent. Vous partez sur un vol régulier, le vol de la Thaï. Vous êtes attendu aujourd'hui, à 13 heures, à l'aéroport de Roissy.

Je repose mes courses sans passer à la caisse. Je file à la maison. Je mets mes affaires de toilette dans un petit sac. Je prends aussi mon passeport, mon chargeur de téléphone portable, et mes cartes de crédit. Je fonce à la caserne, où je retrouve l'un des médecins de la mission. Nous passons notre matériel en revue. Des treillis, des cotes et un casque, pour les opérations de sauvetage. Une malle de médicaments. Une autre malle avec du matériel de première urgence.

Nous prenons la route de Roissy. Il y a beaucoup de monde. Ça n'avance pas. J'appelle le troisième médecin de la mission. Il est déjà à l'aéroport.

— L'enregistrement est terminé. Tout le monde vous attend.

— Dis au chef d'escale que nous arrivons. Et n'embarque pas tant que nous ne sommes pas là.

Nous entrons dans le terminal dix minutes avant le décollage. Un homme m'attend. Un représentant du ministère des Affaires étrangères.

— Docteur, j'ai quinze colis d'aide humanitaire.

Les colis sont là, devant moi. Il y a de grosses étiquettes : « Action humanitaire, France, ministère des Affaires étrangères ».

— Il faut emporter ces colis en Thaïlande. Je n'ai personne sur ce vol. Acceptez-vous de les prendre sous votre responsabilité ?

Du matériel d'aide humanitaire. Le chef d'escale me fait signe. Il faut faire vite. Je ne pose pas de questions. Je signe le bordereau.

L'avion décolle. Je réfléchis à la mission : monter une cellule médico-psychologique à Bangkok. Je ne sais pas encore où exactement, ni avec quels moyens. Mais je sais ce que l'on attend de nous. Dans l'avion, je repère des pompiers civils qui partent eux aussi en mission. Il y a aussi la cellule d'identification judiciaire de la gendarmerie et de la police nationale.

Nous sommes en uniforme. Deux familles qui sont sans nouvelles de leurs proches viennent nous voir. Ils partent en Thaïlande pour effectuer eux-mêmes les recherches. Ils nous demandent comment faire, où aller. Ils ont l'air perdus. C'est notre premier contact avec la détresse. Si tôt, je ne m'y attendais pas. Je suis cueilli à froid. Je commence à prendre la mesure de ce qui nous attend. Une zone sinistrée, beaucoup de disparus. Notre mission prend tout son sens : deux familles dans l'avion, cela veut dire que d'autres suivront. Nous partons à Bangkok pour les aider.

Je regarde du côté de la cellule d'identification judiciaire. Ils sont nombreux.

Beaucoup de disparus…

Et apparemment peu d'espoir de les retrouver vivants.

A l'aéroport de Bangkok, nous patientons quelques minutes, avec nos sacs, nos malles, et les deux chariots que m'avait confiés le fonctionnaire du ministère des Affaires étrangères. Je regarde ces colis de plus près. Ce sont des housses à cadavres. Quinze colis remplis de housses à cadavres. C'était donc ça. C'était l'aide humanitaire que je venais d'apporter.

À l'ambassade de France, on nous confirme qu'il y a des morts et des disparus sur la côte, à Phuket. Mais très peu de blessés. Nous n'aurons probablement pas à intervenir en médecine de catastrophe. Les rescapés sont choqués. Les familles des disparus sont angoissées. Notre mission se précise. Nous ferons surtout du soutien psychologique.

— Excusez-moi. Un médecin peut-il venir avec nous ?

La porte du petit salon de l'ambassade vient de s'ouvrir.

— C'est pour un membre du personnel. Il ne va pas bien.

Effectivement. L'homme craque. Cela fait trois jours qu'il répond aux appels des familles. Les familles recherchent des adultes, mais aussi des enfants. Il craque complètement.

La communauté française de Bangkok a déjà fait du

bon travail. Une dizaine de personnes se sont proposées spontanément pour venir en aide aux rescapés et à leurs familles.

Nous sommes là pour prendre le relais.

Je suis désigné chef de la mission. Plusieurs permanences sont organisées pour accueillir les rescapés et leurs familles. Dans les aéroports, et à l'Alliance française pour le soutien matériel et psychologique. Le campus universitaire a été choisi pour l'hébergement de nos ressortissants.

Écouter, aider, réconforter. Lorsque l'on est dans la détresse à plusieurs milliers de kilomètres, entendre parler français, c'est déjà un soulagement. Quelques Français sont encore hospitalisés à Bangkok. Chaque jour, nous leur rendons visite. Nous parlons de leur rapatriement. Ce n'est pas facile de convaincre les rescapés de rentrer. Pour eux, quitter le pays, c'est renoncer. C'est accepter la mort de leurs proches dont on reste sans nouvelles.

On a fait appel à nous pour la reprise des cours au lycée français de Bangkok. Six cents élèves sont inscrits. Les professeurs redoutaient les chaises vides. Un médecin psychiatre et une infirmière de notre cellule ont passé la journée au lycée. Le père d'une enfant était porté disparu. Tout le monde avait besoin de parler du raz-de-marée. Tous les élèves connaissaient quelqu'un qui, de près ou de loin, avait été touché.

Et puis, il y a eu cette matinée, à l'ambassade. Je ne l'oublierai jamais. On m'a apporté un petit sac de couleur sombre. À l'intérieur, une vingtaine de passeports. Ils avaient été retrouvés dans les coffres-forts des hôtels dévastés. Il fallait vérifier si les noms inscrits sur les passeports figuraient sur la liste des personnes disparues.

Sur chaque passeport, la photo d'un homme ou d'une femme. Et sur la dernière page, la photo des enfants.

J'ai eu peur de regarder la liste.

Je suis déjà parti en vacances en Asie. Je me souviens de la beauté de ces plages. On vient là pour un rêve, pas pour un cauchemar. Je n'ai pas pu m'empêcher d'y penser. J'aurais pu être à leur place. À moi aussi, cela aurait pu arriver. »

Sergio Albarello,
39 ans, médecin urgentiste
à la brigade
des sapeurs-pompiers de Paris.
Groslay (Val d'Oise), France.

– 21 –

J'AI CRIÉ VERS DIEU

« En apprenant ce qui s'était passé, j'ai crié vers Dieu mon incompréhension, ma colère. Après seulement, j'ai pleuré. C'est le frère de Patrice qui m'a appelé. Il m'a dit que Patrice était à l'hôpital et que l'on ne retrouverait pas Soizic, Chloé, Apolline et Arthur.

Patrice est mon ami d'enfance. Le 26 décembre, il était en vacances au Sofitel de Khao Lak, en Thaïlande, avec sa femme et ses enfants. Quand la vague est arrivée, ils étaient tous les cinq dans leur chambre. Chloé se trouvait devant la baie vitrée. Elle a été la première à voir le niveau de l'eau qui montait. Elle a alerté son père. Comment aurait-il pu imaginer ce qui allait se produire ? Que faire ? Cette vague n'était pas une vague. Cette vague était un mur. Elle a tout pulvérisé. Soizic et les enfants ont disparu sous l'eau. Patrice a tenté de plonger pour les retrouver. Mais il s'est fait emporter par les flots.

Il a été projeté très loin de l'hôtel. Quand l'eau s'est retirée, il est retourné au Sofitel. La vague avait tout rasé. C'est au milieu de la vase et des fils électriques enchevêtrés que Patrice a retrouvé le corps de Chloé. Il l'a serrée contre lui et l'a mise à l'abri, après l'avoir enveloppée dans une couverture. Puis il est revenu à l'hôtel. Là, il a cherché encore. Il pensait que les corps de sa femme et des jumeaux étaient restés prisonniers des gravats. Il a fouillé jusqu'à l'épuisement, seul dans les décombres, à mains nues. Finalement d'autres l'ont emmené de force, et l'ont conduit à l'hôpital.

En apprenant ce qui s'était passé, j'ai crié vers Dieu. Comment avait-Il pu permettre cela ? Patrice est plus que mon ami, c'est mon frère. Nous avons grandi ensemble dans un petit village de Bretagne. Nous avons fréquenté la même classe, le même club de basket, la même école d'arbitrage. Depuis l'enfance, nous ne nous sommes jamais quittés. À dix-neuf ans, j'ai compris que je deviendrai prêtre. C'était mon secret. Patrice a été le premier à qui je l'ai confié. Il a pleuré. Nous en avons reparlé le jour où nous avons enterré Chloé. Il m'a dit : « Ce jour-là, je croyais perdre un ami. Finalement, tu vois, comme prêtre, tu m'accompagnes jusque-là, jusqu'au bout. »

Quand Patrice a rencontré Soizic, il me l'a très vite présentée. Nous sommes partis en 2 CV tous les trois à Belle Île, pour faire connaissance. Je les ai mariés en 1995, dans un autre petit village breton, celui où Soizic avait grandi. Trois enfants sont nés : Chloé avait huit ans, Apolline et Arthur avaient deux ans. J'étais fier d'être le parrain d'Apolline.

Patrice travaille dans un grand groupe alimentaire. Ils étaient tous partis s'installer à Bangkok, il y a un an. Quand j'ai appris qu'il y avait eu un raz-de-marée en Asie, je me suis dit qu'une fois de plus, c'était les pays pauvres qui trinquaient. Je n'ai pas imaginé un instant que Patrice pouvait être touché. Je ne savais pas que toute la famille était en vacances au bord de la mer, pour Noël.

Patrice est rentré en France pour ramener Chloé. Le 3 janvier, elle a été enterrée dans l'église où j'avais marié ses parents, il y a dix ans. Un petit cercueil blanc, et une photo. Trois croix de roses blanches pour les absents. Si j'avais eu le choix, j'aurais préféré me taire. Parce qu'il n'y a pas de mot. Pas de mots pour ça. On voudrait juste être là. Partager la colère, la douleur, la révolte. Être là. Mais parler, pour dire quoi ? Je n'ai pas d'explication non plus.

J'ai fait mon devoir de prêtre. J'ai préparé mon homélie auprès de Chloé. Je l'ai écrite d'une traite. Ce sont les mots de Jésus en croix qui sont venus : « Mon Dieu, mon Dieu, pourquoi m'as-tu abandonné ? » Il a fallu que Dieu aille jusqu'à la croix pour que je sache de quel côté il est : non pas du côté du bourreau, mais de celui de la victime. Dans les évangiles, Jésus dit : « Je suis venu pour que les hommes aient la vie et qu'ils l'aient en abondance. » Ce jour-là, ces paroles n'étaient pas faciles à entendre.

Mais j'ai choisi de croire que Jésus dit vrai.

Et puis le corps d'Apolline a été retrouvé. Le 21 mars, nous sommes retournés dans la même petite église. Puis ce fut Soizic, le 27 avril. Depuis, Patrice remue ciel et terre pour retrouver le corps d'Arthur. Je souffre de ne pas pouvoir consoler, réparer. Je souffre de cette impuissance.

Parfois, j'ai peur que mon ami perde la foi. Bien sûr, je comprendrais, mais aujourd'hui il force mon admiration et, comme lui, je veux apprendre malgré tout à faire confiance et à Dieu et à la vie. Je crois qu'au fond de lui, Patrice a choisi de ne pas demander de comptes, non par démission ou par soumission, mais comme l'enfant qui s'abandonne dans les bras de son Père.

Cette épreuve nous a encore rapprochés. La souffrance ne doit pas être une occasion de haïr mais d'aimer davantage. Je me raccroche avec lui à cette certitude : il est en vie. Ce ne doit pas être pour rien. »

JEAN-FRANÇOIS AUDRAIN,
41 ans, prêtre.
Hyères (Var), France.

– 22 –

LA DÉMESURE

« Je vais avoir soixante ans cette année. Quarante ans que je roule ma bosse dans l'humanitaire. Je suis entré à la Croix-Rouge à l'âge de dix-huit ans, comme volontaire. Je suis allé partout, j'ai fait des dizaines de missions. Au Kosovo, en Italie. En haute montagne aussi, après des avalanches. Je me souviens d'une avalanche dans la vallée de la Maurienne, en 1970. La neige avait fauché deux chalets. Dans le premier, on a retrouvé un vieux couple, plaqué contre le mur de la chambre. Le deuxième chalet était un hôtel ; sept personnes étaient mortes, ensevelies. Au bout de vingt heures de recherche, on a fini par retrouver une jeune fille et un couple. Ils étaient coincés sous la neige, mais vivants. Une joie, vous ne pouvez pas savoir. Ce sont des choses qui marquent pour la vie.

Quarante ans que je roule ma bosse. Mais je n'avais jamais vu ça.

Je suis parti à Bangkok le 3 janvier, pour relever le responsable de la « mission Thaïlande ». Huit jours après la catastrophe, il était arrivé à la limite du supportable. La Croix-Rouge française avait mobilisé deux équipes sur place : l'une à Bangkok, l'autre à Phuket. Les secouristes devaient accueillir et porter assistance aux rescapés, mais aussi aux familles qui arrivaient de Paris. Elles avaient besoin d'être entourées. C'est dur, vous savez, ce qu'elles ont vécu là-bas.

Le deuil est un travail. Je crois que le temps n'y fait pas grand-chose. Je sais de quoi je parle. J'ai perdu un gosse, il y a sept ans. Il avait vingt-sept ans ; nous travaillions ensemble. Il a eu un accident de voiture, pas très loin du centre de la Croix-Rouge que je dirige, à Modane, en Savoie. Perdre un enfant, c'est inacceptable. Ce n'est pas dans l'ordre des choses. Jamais on imagine qu'un enfant partira avant vous. Et quand je dis que le temps n'y fait rien, c'est vrai. Des années après, la souffrance est toujours là.

Avec les familles, c'est de cela qu'on a parlé. J'espère qu'elles ont senti que je les comprenais. Dans ces situations-là, je vous assure, c'est important de se sentir compris. À l'enterrement de mon fils, un ami est venu m'embrasser. Quelques années auparavant, il avait perdu un enfant, lui aussi. Je lui avais envoyé une lettre de condoléances. Je croyais avoir écrit des mots forts. Des mots qui l'aideraient. Je me trompais. Quand on n'a pas vécu ça, on ne peut pas savoir. Quand il est venu m'embrasser, je lui ai demandé pardon pour ces mots-là.

Avant leur départ en Asie, les volontaires de la Croix-Rouge avaient suivi des formations à l'écoute et au soutien psychologique. Pour certains, c'était la première mission à l'étranger. Chaque soir, nous nous retrouvions pour parler.

— Tu as entendu quoi ? Comment tu as vécu ça ?

Nous aussi, nous avions besoin d'évacuer.

Un père nous a raconté qu'il avait eu de l'eau jusqu'à la taille. Il était avec ses deux enfants, l'un dans ses bras, l'autre à la main. Il ne pouvait plus avancer. Il a dû se décider à lâcher l'enfant qu'il tenait à la main. La vague a déferlé, et elle a tout emporté. Quand il s'est relevé, il a cherché ses deux enfants. Il ne les a pas retrouvés. Ni l'un, ni l'autre.

Il faut pouvoir entendre ça.

La vie, à quoi ça tient ? À rien.

Plusieurs fois, je suis allé à la morgue de Takua Pa, à 40 kilomètres de Phuket. Il nous arrivait d'accompagner des familles pour identifier un corps. À l'entrée, il y avait de grands panneaux, trois mètres sur deux, avec des photos. Les photos des corps. Elles étaient parfois accompagnées d'une carte d'identité ou d'un objet. J'y suis retourné au cours de ma deuxième mission en Thaïlande, en février. Il y avait encore mille deux cents cadavres non identifiés.

Les images de cette morgue continuent de me hanter. Ces centaines de containers, comme ceux qu'on voit dans les ports français, avec à l'intérieur des milliers de corps enveloppés dans des sacs plastiques. Un jour, j'ai vu deux hommes avec une blouse et un masque pousser une brouette. Dans la brouette, il y avait un corps. J'aurais voulu que le monde entier puisse assister à cette scène-là. Je vous assure, ça fait réfléchir.

Nous avons rencontré la Croix-Rouge thaïlandaise pour parler de la reconstruction des zones touchées. Nous sommes partis en reconnaissance, avec un hélicoptère. Nous avons survolé un petit village de pêcheurs proche de la frontière birmane. Il n'y avait plus aucune maison debout. Tous les bateaux avaient été détruits. Les portes de l'hélicoptère étaient ouvertes. Je voulais faire quelques photos, pour illustrer mon rapport. Soudain, le pilote me dit :

— Tu sens ?

— Oui, je sens.

Je connaissais cette odeur.

Elle vous hante quand vous creusez après une avalanche.

Quarante ans que je roule ma bosse. Je prends ma retraite dans quelques mois. Vraiment, je n'avais jamais vu ça. »

FRANÇOIS NOVELLINO,
59 ans, Croix-Rouge française.
Modane (Savoie), France.

– 23 –

CA SUFFIT

« Je ne veux plus en parler.

Le 26 décembre n'a jamais existé.

Je veux tout oublier. Cette date doit être censurée, effacée des calendriers, bannie à jamais. Je veux tout oublier, trop d'images dévorent mon esprit. Je suis las, fatigué. J'en suis là. Ça suffit.

Pourquoi raconter cette histoire encore une fois ? Ceux qui ont péri n'ont plus de mémoire. Je vois encore le cadavre tordu et brisé de cet enfant dans la boue. Il y en a qui ont des souvenirs bien plus terribles que les miens. Arrachez-moi ces cris ! Ils bourdonnent inlassablement dans ma tête.

Plusieurs fois, on m'a demandé quelle était la hauteur de la vague. Je n'en sais rien. Un mur d'eau qui fonçait vers nous à toute vitesse et qui jaillissait dans les hauteurs à chaque obstacle rencontré. Je veux oublier.

C'était une belle matinée. J'aurais préféré une journée froide, nuageuse. Du brouillard, même. Mais non. Le soleil chaud du Sri Lanka. Une brise légère, caressante comme une plume. À Kosgoda, le ciel était dégagé ce jour-là.

Certains partaient vers la plage. Ils disaient que la mer s'était retirée et que l'on pouvait voir les poissons et les crabes géants sur le sable. On regardait avec curiosité, on prenait des photos. Personne ne savait que lorsque la mer se retire, c'est comme un ressort qui se tend. Personne ne savait ce qu'est un tsunami, personne ne connaissait ce mot aberrant.

Je déteste ce mot. Je préfère l'ignorer. Il est bien trop beau, avec sa sonorité harmonieuse. Quel fou a choisi de donner un joli nom à un phénomène pareil ? Il paraît même que certains l'écrivent avec un « t » majuscule. Les phénomènes de l'enfer doivent avoir des noms laids. Il faut trouver un mot dissonant, discordant, inamical à l'oreille.

Un sifflement, un hurlement.

L'eau furieuse, tourbillonnante.

Anna hurle mon nom.

Le courant me ramène vers le fond.

Ca suffit. Laissez-moi tranquille.

Je veux oublier. »

PATRICK BROCHARD,
51 ans, directeur d'un organisme
de coopération humanitaire.
Colombo, Sri Lanka.

– 24 –

LE PONTON

« L'eau est trouble. La mer terriblement agitée. Je n'ai jamais vu ça. On se croirait dans l'Atlantique. Je regarde Sylviane. Que se passe-t-il ? Le bateau file à grande vitesse vers Vabin Faru, un îlot de deux kilomètres sur deux, où se trouve notre hôtel. Le ciel est gris.

C'est le lendemain de Noël, et nous venons d'arriver aux Maldives. Notre avion a atterri à Malé à 9 heures 30. Un batelier de l'hôtel nous attendait. Nous sommes les premiers à quitter l'aéroport. Direction : le paradis. Nous connaissons bien les Maldives. Nous y allons chaque année, pour faire de la plongée.

Le bateau continue de filer, à grande vitesse. Il faut une demi-heure environ pour rejoindre l'îlot. Ça y est, l'île est en vue.

— Que se passe-t-il ? !

Le ponton où nous devons accoster se vrille sous nos yeux, avant de voler en éclats. Comme dans un film. Nous regardons en direction de l'île. La plage est sous un mètre d'eau. Il n'y a plus de plage. Des silhouettes courent dans tous les sens. À cette heure-là, il n'y a pas encore beaucoup de touristes. On aperçoit surtout le personnel de l'hôtel.

Notre bateau a franchi le récif. Soudain, la vague qui vient d'envahir l'île se retire brusquement, comme dans un évier. Elle laisse des traces sombres derrière elle. Le batelier panique. Il n'est pas habitué aux mers agitées. L'embarcation est irrésistiblement attirée vers le large. Elle n'est plus manœuvrable. Elle frôle la barrière de corail. Au prix d'efforts démesurés, le batelier parvient à faire échouer le bateau sur le sable. Nous sautons à terre. Les Maldiviens nous donnent un gilet de sauvetage. Nous ne comprenons toujours pas ce qui se passe. Quelqu'un crie :

— Allez sur le point le plus haut de l'île ! Il va y avoir une réplique !

Une vingtaine de minutes plus tard, la deuxième vague arrive. Comme la première, ce n'est pas une vague qui se casse, c'est une onde qui submerge l'île. L'eau monte brusquement et envahit tout.

Le directeur de l'hôtel est Français. Il nous dit que l'aéroport de Malé, que nous venions à peine de quitter, est ravagé. Nous ne comprenons toujours pas ce qui se passe. J'ai l'impression de vivre une aventure hors du commun. Les bungalows sur pilotis n'ont pas été inondés. Mais la plage, le restaurant et le spa, sont sous l'eau. Je suis alors bien loin d'imaginer qu'à quelques kilomètres de l'île, la vague avait tué.

Nous ne dormons pas de la nuit. Nous nous reposons avec nos gilets de sauvetage, sur le lit à baldaquin.

Le lendemain, nous faisons le point. Les dégâts ne sont que matériels. Je suis réquisitionné en tant que médecin. Plus à l'est, des îles ont été plus violemment touchées. À 10 kilomètres de notre îlot, le raz-de-marée a fait vingt morts, essentiellement des femmes et des enfants. Je ne suis pas musulman, je n'ai pas le droit de toucher aux corps. Les dépouilles sont posées sur la plage, dans des sacs de jute. Les familles veillent leurs morts. On nous fait comprendre que notre place n'est pas ici. Nous rebroussons chemin.

Nous devons être évacués. Nous apprenons qu'un avion en provenance de Colombo fait escale à Malé, mais il est plein de blessés, et nous ne sommes pas prioritaires. Nous restons donc sur l'île, coincés. La vie s'organise. Nous ne sommes plus que quinze touristes. Nous passons le réveillon ensemble. C'est un peu surréaliste. Nous sommes les seuls Français, avec un ancien ambassadeur de France au Proche-Orient et son épouse. Les autres touristes sont allemands ou anglais. Il n'y a plus grand-chose à faire. Juste se tenir prêts à rejoindre Malé dans l'heure, au cas où un avion passerait. Notre îlot a pris des airs de camp retranché. Un paradis prison. Les Maldiviens ont fabriqué des remparts avec des sacs de sable, pour protéger la cuisine et le générateur, en cas de réplique. Nous avons l'interdiction de nous baigner, ou de plonger. Le ciel est toujours aussi bleu, et la mer aussi plate qu'un lac.

Les trois premiers jours, nous sommes restés sans nouvelles. Puis une télévision parvient à capter *CNN*. Nous sommes stupéfaits. Les images du séisme passent en boucle. L'Asie est dévastée.

Nous sommes au milieu de l'Océan Indien, dans un îlot préservé. Tout autour de nous, c'est l'enfer. On peut mourir aussi dans un coin de paradis. Je suis de culture protestante. Je suis pragmatique. Je crois en la destinée. Ce n'était pas mon jour. Il y a des années, j'ai créé avec d'autres l'assistance médicale sportive sur le rallye Paris-Dakar. Je connaissais bien le chanteur Daniel Balavoine, et le patron du « Dakar », Thierry

Sabine. La veille de leur mort, j'avais dîné avec eux. Le lendemain, leur hélicoptère s'est écrasé. La vie doit continuer.

La vie continue.

Nous sommes rentrés, via Dubaï, le samedi suivant. Lundi, à mon arrivée au cabinet, deux journalistes m'attendaient dans la salle d'attente. Je leur ai raconté notre histoire. Il n'y a pas grand-chose à dire. Les Maldives ont été beaucoup moins touchées que l'Indonésie, le Sri Lanka, ou la Thaïlande. Mais tout le monde veut croire que nous avons vécu quelque chose d'extraordinaire. On nous a accueillis en héros. Si nous avions voulu nous donner de l'importance, il était facile d'entrer dans le jeu. Nous ne le voulions pas. Nous avons organisé un dîner avec tous nos amis pour raconter ce qui s'était vraiment passé.

Parfois, j'ai l'image du ponton qui revient comme un flash. Le ponton qui vole en éclats. Comme dans un film. »

CLAUDE HERVÉ,
58 ans, radiologue.
Roanne (Loire), France.

– 25 –

MONSIEUR BAREN

« Je travaille à Bombay. Dès que je peux, je retrouve ma femme et mes enfants à Bangkok. Pour Noël, nous avons décidé d'aller nous reposer sur une petite île aux plages de sable blanc. C'était la huitième fois que nous allions à Ko Phi-Phi. Nous louons toujours le même bungalow. Le gérant, monsieur Baren, nous connaît bien. Nous lui confions souvent notre petit Paul. Paul a quatorze mois. Monsieur Baren s'en occupe bien. Et puis, le petit reste au frais pendant que nous emmenons les filles faire du bateau.

Ce matin-là, pas de bateau en perspective. Nous avons le temps, plus d'une semaine devant nous. Les filles, Laurie et Clélia, nos jumelles de six ans, ont décidé d'aller se faire tresser les cheveux au village.

— Allez papa, dépêche-toi, on y va.

Je me prélasse au soleil. Je serais bien resté un peu… Nous confions Paul à monsieur Baren. Virginie veut passer au bungalow pour se changer. Clélia vient avec nous. Laurie, elle, est bien trop occupée à jouer avec Paul. Le bungalow est juste là, à 80 mètres de la plage, dans une palmeraie donnant sur la mer. La vue est superbe.

Soudain, un bruit terrible.

Un bruit sourd et violent. Nous sortons du bungalow.

La mer.

L'eau arrive à toute vitesse, dévastant tout sur son passage. Les petites cahutes en bois sautent comme des allumettes. Affolé, je regarde vers la plage. Laurie et Paul sont encore là. Les gens courent dans notre direction en hurlant. C'est la panique. Je crie à Virginie de courir avec Clélia et je me précipite vers la plage. Je me dis qu'il n'est pas trop tard. Je cours à contre sens. Les enfants. J'espère que monsieur Baren prend soin d'eux. La mer avance dans un vacarme assourdissant. Je ne les vois pas. Je continue à courir, toujours à contre sens. Virginie m'appelle.

— N'y va pas !

Au milieu de la foule, j'aperçois Paul, dans les bras de monsieur Baren qui court vers la colline, et me crie :

— *Run, run* (courez, courez). *The mountain* (la montagne).

Je cherche Laurie. Elle est loin devant moi. Elle donne la main à un Thaïlandais. Je m'enfuis à toutes jambes en suivant mes enfants. Je passe devant notre bungalow. Je comprends que tout va être détruit dans quelques secondes. Sans savoir pourquoi, je me précipite à l'intérieur et je prends le premier sac à dos qui me tombe sous la main. Je repars à toute vitesse.

L'eau arrive.

Elle est derrière moi.

Pourquoi avoir été chercher ce sac à dos, pourquoi ? J'ai perdu du temps, mais je ne réfléchis plus. Mon corps décide pour moi. Je me retourne, l'eau avance plus vite que moi. C'est comme si on avait ouvert les vannes d'un barrage. Je cours toujours. Je ne sais pas si j'atteindrai la colline à temps. Je m'écorche les pieds sur les rochers, mais je ne sens pas la douleur. Je ne vois plus Virginie. Je ne vois plus les enfants. Je ne suis pas le dernier à courir. Beaucoup courent encore derrière moi. Soudain, des buissons, et des rochers. Je commence à les escalader, mais ils sont difficiles d'accès. Je me demande comment Virginie et les enfants ont pu passer par là. Je trébuche et je manque de tomber en arrière. Un Thaïlandais se précipite vers moi pour me retenir. Et toujours ce bruit, puissant, sourd, et effrayant. Nous grimpons. Derrière moi, j'entends des cris. Je me retourne. Ceux qui me suivaient sont rattrapés par la mer. Je les vois se faire emporter par un violent courant.

On ne peut plus rien faire. Je regarde les trois Thaïlandais qui sont avec moi. Oui, nous sommes vivants. Mais combien sont morts ? La mer gronde toujours. L'eau claque sur les rochers. Nous continuons à grimper, parce que l'eau monte encore. Un peu plus haut, je récupère Paul. Il pleure. Des branches l'ont griffé au visage. Laurie est à côté de sa mère. Elle ne dit rien. Elle regarde sans comprendre. Clélia est là aussi. Elle me dit : « On va mourir. »

— Non, ma chérie, on est sauvés.

— Mais maman a dit qu'on allait tous mourir.

Je regarde Virginie. Je ne l'ai jamais vue comme ça.

Nous continuons de monter. Tout le monde est épuisé. Les filles marchent toutes seules. On m'aide de temps en temps à porter Paul. Au loin, la mer a l'air calme et paisible. Nous nous arrêtons sur une espèce de plate-forme. On entend des hélicoptères. Les gens essaient d'obtenir des informations par téléphone.

— Un tremblement de terre en Indonésie ? Combien de morts ?

Ma femme pleure. Elle pense à Philippine, une petite fille de huit ans qu'elle a dans sa classe, à Bangkok. Virginie l'a croisée hier au marché. La petite fille lui a sauté au cou.

— Tu viendras, demain, à notre hôtel, dis ?

Virginie a promis.

La famille est logée au Phi Phi Cabana. Où sont-ils maintenant ? Et notre ami Jim, conducteur de bateaux ? Et sa femme ? Où sont-ils tous ? Les heures passent. Les Thaïlandais donnent de l'eau à Paul. On propose des gâteaux aux filles. Ceux qui sont descendus chercher des vivres arrivent enfin. Ils sont trempés, mais la mer commence à se retirer.

— *Lucky* (chanceux), nous dit une Thaïlandaise.

J'aperçois monsieur Baren. Il est là aussi. Il regarde dans le vide. Je m'approche de lui, je lui tends une cigarette. Il me regarde et il me dit : *Sorry Stéphane* (désolé Stéphane). Il a tout perdu mais sa tristesse est de ne pas avoir pu sauver tous ses clients. Paul arrive vers nous. Monsieur Baren lui sourit. Ils se regardent un long moment, en silence. Monsieur Baren lui a sauvé la vie. Je crois que Paul l'a compris. »

STÉPHANE MARTORELLI,
34 ans, contrôleur financier.
Bombay, Inde.

– 26 –

LE REFUS

« Quand on pense à sa propre mort, on imagine un accident de voiture, une longue maladie. Ou une mort dans son lit, au crépuscule de sa vie. Comment imaginer mourir dans un raz-de-marée, à trente-cinq ans, sur une île paradisiaque ? Je ne me fais pas à cette idée. C'est trop difficile à admettre. C'est pourtant ce qui aurait pu nous arriver.

Nous vivons à Bangkok depuis quatre ans. Il y a un an, Stéphane a été muté en Inde, pour son travail. Il est très difficile de se loger à Bombay, et j'ai décidé de rester en Thaïlande avec les enfants. J'aime Bangkok. J'y ai tous mes amis. Je suis institutrice au lycée français. Nos enfants y sont scolarisés. Stéphane travaille énormément, et vivre à Bombay n'est pas facile. Dès qu'il a quelques jours de vacances, il vient nous retrouver en Thaïlande. Nous avions choisi de passer Noël sur l'île de Ko Phi-Phi, au sud du pays. Nous avions prévu d'y passer une semaine. Nous aimons cette île, nous y avons nos habitudes. Nous séjournons toujours au même endroit, chez monsieur Baren. Il loue des bungalows au fond d'une palmeraie, tout près du port et des rues commerçantes.

Stéphane vous a raconté ce que nous avons vécu ce jour-là. Ce tsunami est un cauchemar. Depuis que je suis rentrée, des images viennent me hanter : tous ces morts, tous ces corps, et cette vague, gigantesque, qui nous poursuivait. J'ai du mal à trouver les réponses aux questions que je me pose. Ce 26 décembre, je n'y étais pas préparée. Tant de souffrances, tant de détresse... Dans les semaines qui ont suivi, j'ai eu envie de mourir, moi aussi. Je n'arrivais pas à accepter ce que nous avions vécu. Je vivais, mais j'étais morte à l'intérieur. J'avais l'impression de faire semblant. J'avançais sans but, juste pour continuer, parce qu'il le fallait. J'ai été voir un psy, deux fois. Et j'ai fait suivre mes filles. L'une d'elles était très perturbée. Elle nous posait beaucoup de questions sur la mort.

Pour Stéphane et moi, les premiers temps ont été très difficiles. Nous avions du mal à nous parler de ce qui venait de nous arriver, et nous n'arrivions pas à nous soutenir. Nous restions chacun emmuré dans notre souffrance. Et puis, c'est venu, tout doucement. Nous avons commencé à échanger nos impressions, nos sentiments.

Stéphane a monté une association pour aider monsieur Baren et Jim, notre ami pêcheur. Nous sommes vraiment amoureux de Ko Phi-Phi et nous y aimons les gens. Il était impossible d'oublier. Les Thaïlandais, eux, n'ont pas hésité à venir en aide à nos enfants.

Aujourd'hui, lorsque je les regarde tous les trois, j'ai le cœur serré. Ils sont si jeunes, si fragiles. Je suis leur mère, et jamais je n'aurais pensé devoir affronter la mort avec eux. C'est quelque chose de très dur à accepter. Je me sens coupable. Nous sommes responsables de nos enfants et dans pareille situation, nous ne sommes pas capables de les sauver.

La vie peut nous être retirée à chaque instant. Ce n'était pas notre heure. Je le crois profondément. Stéphane et moi vivons séparés depuis plus d'un an, et cela me pèse plus qu'avant. J'aimerais qu'il soit près de moi. Le temps que nous passons avec les êtres chers est précieux. Parce qu'il n'est pas éternel. »

VIRGINIE MARTORELLI,
35 ans, institutrice.
Bangkok, Thaïlande.

– 27 –

VOILÀ

« J'ai vu des gens se noyer, c'est vrai. Mais je ne peux pas m'apitoyer. Je ne peux pas me permettre d'y penser. Il faut aller de l'avant. De retour du Sri Lanka, nous avons tout fait pour que tout rentre dans l'ordre. Nous avons repris nos habitudes : des repas à heures fixes, de bonnes nuits de sommeil, du sport. Une vie équilibrée. Une vie saine.

Loin de ce cauchemar. Loin de ce jour-là.

Je me souviens de cette vague, un peu plus grosse que les autres, qui est venue engloutir les transats, en haut de la plage d'Hikkaduwa. Je prenais mon petit-déjeuner sur la terrasse de l'hôtel. J'ai vu une Italienne qui n'arrivait plus à se lever de son fauteuil de plage. Je suis allé la tirer de là. C'est mon métier, je suis maître nageur. L'eau montait toujours. Je me souviens d'avoir été réveiller mon fils Julien qui dormait au premier étage de la *guest house*. Je me souviens des cris. Des gens nous appelaient d'en bas. L'eau était tellement montée qu'ils devaient s'accrocher à la charpente des bungalows. Nous les regardions sans rien faire. Non, nous ne pouvions rien faire. Je me souviens de ma course, effrénée, pour retrouver ma belle-mère, partie comme chaque matin se promener sur la plage. Je me souviens de ma peur. Ma peur de ne pas la retrouver. Elle ne sait pas nager. Je me souviens des corps sur la route, pris sous les décombres. Je ne pouvais pas m'arrêter, il fallait que je retrouve Lilian. Je me souviens du soulagement, immense, de la voir réapparaître deux heures plus tard. Elle s'était réfugiée dans un hôtel au bord de la plage, était montée sur un lit, puis sur une armoire, et elle avait attendu la décrue. Je me souviens de cette nuit passée dans un temple, sous la pleine lune, attaqués par les moustiques, avec d'autres réfugiés. Je me souviens de la solidarité extraordinaire des Sri Lankais ; ils se sont mis en quatre pour nous aider, nous apporter de quoi manger. Je me souviens de cette route, enfin. Sept heures de voiture dans un paysage dévasté, pour rejoindre Colombo.

Nous sommes rentrés en France le 30 décembre. C'était un jeudi. Le lundi, les enfants retournaient à l'école. Et moi, je reprenais mon travail. Nous étions contents d'être tous là. La vie tient à peu de chose. La vie n'est qu'un passage sur la terre, il faut savoir ça. Tout le reste est artificiel. Pour nous, il était très important de continuer à aider. Nous avions l'impression d'avoir abandonné les Sri Lankais. Nous connaissons bien ce pays. C'est un pays que nous aimons. Nous y retournerons. En attendant, nous avons décidé de créer une association. Nous avons organisé un concert de blues à Pessac. La recette a servi à acheter un bateau de pêche. Trois mois plus tard, nous avons organisé un vide grenier. Ça continue de marcher, les gens continuent de donner. Les fonds servent à la reconstruction des maisons.

Voilà.

Pour le reste, inutile d'aller voir.

Nous sommes vivants. Nous n'avons pas cherché à comprendre. Ça ne sert à rien de se poser mille questions. Il faut savoir se préserver. J'aurais pu faire le choix inverse. Aller voir, descendre plus profond. Remuer certaines choses. Je ne l'ai pas fait. C'est dangereux, ça ne fait pas avancer les choses. J'ai trois enfants à élever, une maison à retaper, un travail à assumer. Il y a des questions qu'il vaut mieux ne pas se poser, des images qu'il vaut mieux ne pas garder. Je n'ai pas le droit de faire n'importe quoi.

Il faut avancer. »

YVES COANTIEC,
38 ans, maître nageur.
Pessac (Gironde), France.

– 28 –

EXPRESSION ÉCRITE

« La vague vient de loin, de loin, et il y a des hommes et des femmes dans la piscine. Ils ont peur de se faire prendre par la vague. Il y a aussi des hommes qui font de la plongée. Je ne sais pas ce qu'ils vont pouvoir faire quand ils seront peut-être entrés dans l'hôtel.

Dans l'hôtel, il y a beaucoup de gens qui prennent leur petit-déjeuner. Il y a aussi des cocotiers près de la piscine. Ils vont craquer et tomber dans la piscine. Ouf ! Personne n'est sous un cocotier. Mais dans l'hôtel, il y a beaucoup d'eau qui va rentrer et toutes les petites maisons des pêcheurs vont se faire emporter. »

PAUL GRAWITZ,
8 ans, écolier.
Colombo, Sri Lanka.

– 29 –

LES FANTÔMES DU TSUNAMI

« C'est quelques jours après que j'ai craqué. Je me suis réveillée le matin avec un chagrin énorme. C'est là que j'ai vraiment compris ce qui s'était passé. Ressenti la souffrance des rescapés, dont je m'occupais toute la journée. Seulement une semaine après. Avant, je gérais l'urgence. Je ne pensais pas à moi.

Nous vivons en Thaïlande depuis cinq ans. Je suis artiste. J'ai ouvert une galerie, près de la plage de Patong. Notre maison de Phuket n'est pas très loin de la mer. Elle n'a pas été touchée. Mais tout autour de nous, l'île était en ruine. Tout avait été balayé, broyé, lessivé. Les ruines des maisons ou des hôtels faisaient penser à un bombardement. Les gens erraient, hagards, le visage figé. Certains marchaient avec des valises, mais ils n'avaient pas l'air de savoir où ils allaient. Ils ne répondaient pas quand on leur parlait.

Pendant une semaine, j'ai aidé à la cellule de crise internationale qui accueillait les rescapés à l'Hôtel de ville de Phuket. Les victimes arrivaient par camion, par bateau ou par hélicoptère. Quand elles n'étaient pas blessées, elles avaient surtout besoin de parler et de pleurer. De comprendre, aussi. Je courais d'hôpital en hôpital pour chercher des parents, des enfants, pour essayer de reconstituer des familles. Les trois premiers jours, il y avait encore de l'espoir. Mais les jours d'après, les mêmes personnes revenaient, attendaient, nous posaient les mêmes questions. Chaque matin, nos réponses ressemblaient à celles de la veille. Un jour, nous avons accueilli une petite fille. Elle pleurait sa mère, et nous disait que tout était de sa faute car c'était elle qui avait insisté pour venir passer des vacances en Thaïlande. Je ne pensais à rien. Je n'avais pas le temps de penser. Les hôpitaux placardaient partout des photos des corps. Ils étaient gonflés et tuméfiés. Je ne ressentais rien. Près des hôpitaux, des menuisiers construisaient des cercueils. Je passais devant tous les jours, mais je ne ressentais rien. Les corps étaient entassés dans les salles des urgences. Je le savais, mais je ne ressentais rien. J'avais l'impression qu'une vitre me coupait du monde extérieur. Je voyais, j'entendais, mais je ne ressentais rien.

Et puis, j'ai craqué.

Je m'en voulais de ne pas pleurer. Je haïssais cette indifférence. Je me sentais coupable. L'aide humanitaire est un métier ; ce n'est pas donné à tout le monde d'aider les autres. Mais les premiers jours, nous ne nous sommes pas posé la question. Il fallait assurer. Il fallait aider. J'ai fait ce que j'ai pu. J'ai fait de mon mieux. Mais je n'ai pas pu rendre un enfant à sa mère. Je n'ai pas pu dire à un homme qui avait perdu son épouse : ne vous inquiétez pas, monsieur, on va la retrouver.

Cette haine contre moi-même, je l'ai ensuite retournée contre les autres. Contre ceux de nos amis qui n'avaient pas pris de nos nouvelles depuis le raz-de-marée. Je crois que j'avais besoin de trouver un coupable. Parce qu'on ne peut pas s'en prendre à la mer.

Je suis restée enfermée chez moi. Je hurlais cette haine. Et puis enfin, oui enfin, j'ai pleuré. Une amie est venue. Elle m'a dit : « C'est normal, tu sais. » Elle m'a dit : « Tu devais affronter le pire, tu t'es protégée comme tu as pu. » Elle m'a dit encore : « Crois-tu que tu aurais mieux aidé ces gens si tu avais montré ta peine ? » Elle m'a parlé comme à un bébé. Ça m'a soulagée. D'autres amis sont venus m'entourer. Et puis, c'est passé. J'ai pu retourner aider.

Les Thaïlandais ne sont pas du genre à s'apitoyer. Tout a bougé très vite. La vie a repris. Près des plages dévastées, des cérémonies religieuses sont régulièrement organisées. Pour aider les âmes à rejoindre les cieux. Les Thaïlandais sont bouddhistes. Ils croient que les âmes des morts continuent de hanter les lieux de leur disparition. Ils les appellent « les fantômes du tsunami ». Ces âmes doivent trouver la paix.

Mes fantômes à moi ont cessé de me hanter.

J'ai retrouvé la paix. »

DANNY BILLAUD,
artiste peintre, 45 ans.
Phuket, Thaïlande.

– 30 –

EMMA

« Ma fille n'était pas encore là quand j'ai pris conscience de mon rôle de papa. Notre relation s'est établie bien avant sa naissance. La responsabilité de la paternité, j'y ai été confronté bien plus tôt que je ne pensais.

C'est aux Maldives que j'ai compris tout cela. C'était notre voyage de noces. Nous passions une semaine de rêve sur une petite île paradisiaque. Un matin, j'ai été réveillé vers six heures et demie par une longue secousse. Je suis sorti du bungalow. J'ai vu les employés de l'hôtel qui commençaient tranquillement à nettoyer la plage. J'ai été rassuré, et je suis reparti me coucher.

— Aujourd'hui, on va sans doute sentir des petites répliques.

C'est ce que j'ai dit à Virginie vers neuf heures et quart, lorsque nous sommes partis prendre notre petit-déjeuner. Dix minutes plus tard, j'ai entendu un énorme grondement. Dans la halle de restauration, tout le monde s'est levé. L'eau a renversé les tables et les chaises, les buffets ont été balayés. Le temps de réaliser et nous étions tous regroupés autour de la piscine. C'était le point culminant de l'île, à plus d'un mètre au-dessus du niveau de la mer.

La vague était arrivée par l'autre côté. Elle avait traversé toute l'île avant de nous rattraper. C'est la réception et le magasin de souvenirs qui nous avaient protégés. Près de la piscine, tout le monde s'est rué sur les gilets de sauvetage. Je n'ai rien compris. Je n'avais jamais été confronté à cela. C'était chacun pour soi. Alors, j'ai joué des coudes moi aussi. Pas pour moi, mais pour Virginie. Elle était enceinte de cinq mois.

On pensait qu'une autre vague allait arriver. Au loin, nous avons aperçu des bungalows qui partaient à la dérive, avec leurs occupants sur le toit. Ils appelaient à l'aide. J'ai commencé à me sentir en danger. J'ai compris qu'on ne pouvait rien maîtriser. Je suis allé chercher une grosse bouée pour Virginie. Et puis j'ai fait une petite prière. Une petite prière pour nous trois.

Autour de la piscine, certains faisaient des crises de nerfs. Je suis parti récupérer nos papiers. J'avais de l'eau jusqu'à la taille. J'ai eu du mal à reconnaître le bungalow : le lit à baldaquin était encastré dans l'armoire, le frigo avait été projeté à une cinquantaine de mètres. J'ai compris que si nous avions été dans notre chambre lorsque la vague est arrivée, je ne serais pas là pour en parler. Dans l'eau, j'ai repéré une tache blanche. C'était notre coffre-fort. Nos passeports étaient encore à l'intérieur, détrempés.

Nous avons tous décidé de passer la nuit près de la piscine. Nous avions fabriqué des tentes avec les toiles des parasols. Mais en pleine nuit, un orage a éclaté. Nous nous sommes réfugiés sous la halle de restauration. J'avais peur que l'eau ne revienne. Le bruit du vent dans les palmiers me rappelait le bruit de la vague. J'étais tout près de Virginie. Elle était calme. Il ne fallait pas faire peur au bébé. Je gardais les yeux fixés sur la mer. Cette nuit-là, je n'ai pas dormi.

Nous avons été évacués le lendemain grâce à un croiseur de guerre pakistanais qui patrouillait au large. Le cauchemar était terminé. Nous étions contents de rentrer. Je crois qu'une petite étoile nous a protégés. Nous étions un peu émus, aussi, en pensant que notre petite fille qui allait naître avait déjà vécu quelque chose de très particulier.

Elle est née le 20 avril 2005. Un peu plus de trois kilos, 48 centimètres. Elle s'appelle Emma. Tout ce qu'on a vécu, elle l'a vécu, elle aussi. On en reparlera plus tard. On lui racontera. »

ROMAIN GIRANTON,
28 ans, professeur
d'éducation physique et sportive.
Collonges-sous-Salève
(Haute-Savoie), France.

– 31 –

WHAT TO DO ?

« — Mary ? Où êtes-vous ? Renseignez-vous avant de partir, il y a beaucoup d'eau ici !

Tous les bagages sont dans la voiture. Nos trois enfants aussi. Nous restons interloqués. Nous avions prévu de quitter Colombo pour rejoindre des amis dans le sud du Sri Lanka. Leur coup de fil est aussi étrange que déroutant.

Nous n'avons pas la télévision. Les lignes de téléphone sont saturées. *What to do ?*, disent souvent les gens d'ici en secouant la tête dans un haussement d'épaules.

C'est dimanche. Nous décidons d'aller à l'église. Peut-être verrons-nous des gens de notre petite communauté. Je suis infirmière. Canadienne et Française, j'ai la double nationalité. Mon mari, lui, est Français. Il est ingénieur. C'est pour son travail que nous sommes venus vivre ici il y a un peu plus de deux ans. Le téléphone portable sonne à nouveau. C'est notre ami de l'ambassade de France. Il nous demande si nous savons quelque chose. On parle de grosses vagues. Il y aurait cent soixante morts dans le sud du pays.

Un message de l'ambassade annonce bientôt la catastrophe à tous les Français résidant au Sri Lanka. Les nouveaux bilans font état de mille cinq cent, puis de trois mille morts. Toute la communauté se mobilise. Nous nous préparons à prendre en charge les touristes évacués des zones touchées. À les héberger, si nécessaire.

Les premiers arrivent à Colombo dans la soirée. Soudain, la réalité de la tragédie devient palpable. La mort, disent-ils, est partout. Des corps, des décombres, des voitures endommagées, des routes bloquées. La rumeur parle de l'imminence de nouvelles vagues. Une amie m'a demandé d'appeler sa mère, en Norvège, pour lui dire qu'elle est saine et sauve. J'ai appelé dans la soirée. J'ai senti de l'émotion dans la voix de cette femme. J'ai mieux mesuré l'ampleur de la tragédie. On parlait du raz-de-marée dans le monde entier. À cet instant, chaque père, chaque mère, chaque frère et chaque sœur, chaque cousin, ami ou collègue, devait éprouver la même crainte. Combien de milliers de personnes avaient-elles un proche qui se trouvait sur une plage du Sri Lanka ou d'un autre pays d'Asie touché ce matin-là ?

Le lendemain, j'ai rejoint le dispositif mis en place par l'ambassade pour accueillir les touristes évacués. J'ai d'abord croisé une famille de cinq personnes. La femme était visiblement sous le choc. Tous ceux qui arrivaient à l'ambassade avaient besoin de raconter leur histoire. Tous, excepté cette femme qui semblait égarée. Ses seules préoccupations étaient ses enfants, et deux compagnons de route blessés qu'elle venait de quitter à l'hôpital de Colombo.

On m'a demandé d'aller rendre visite aux personnes hospitalisées. Mais je devais d'abord organiser la nuit pour cette famille. Ils semblaient affectés. Les enfants, au moins, allaient bien. La veille, alors qu'ils attendaient d'être évacués vers la capitale, leur mère leur avait demandé de dessiner ; depuis, ils continuaient, tranquillement. Ma maison était prête. J'ai proposé à cette famille de venir loger chez moi. Ils ont accepté, et tout le monde s'est engouffré dans ma voiture. Je leur ai présenté mon mari et mes trois enfants. La femme semblait aller mieux. Elle s'appelait Bérangère. Ses enfants, d'abord timides, ont vite grimpé les escaliers pour aller jouer avec les nôtres. Son mari semblait retrouver des forces pour affronter les jours suivants.

A l'hôpital, j'ai rendu visite aux compagnons d'infortune de cette famille. Un Belge et un Français. J'avais griffonné leurs noms sur un bout de papier, mais leurs histoires se mélangeaient dans ma tête. J'avais un peu d'appréhension au moment d'entrer dans leur chambre, mais mon métier d'infirmière a pris le dessus. Ils semblaient soulagés de me voir et nous avons tout de suite sympathisé. Je les ai écoutés. Le Français avait perdu sa famille. Sa femme et ses deux fils étaient portés disparus. Il était plein d'espoir de les retrouver. Il n'était pas encore prêt à raconter son histoire dans le détail. Ses blessures étaient manifestement infectées. Il avait erré dans les décombres pendant des heures, sans même s'en préoccuper. Le Belge et le Français étaient en vacances dans le même hôtel. Ils avaient fait la route ensemble pour rejoindre Colombo, sept heures d'un voyage éprouvant. J'ai senti que c'était bien pour eux qu'ils soient dans la même chambre. Un sentiment d'abandon et de culpabilité flottait dans l'air. Pour le Belge, d'avoir laissé le corps de sa bien-aimée aux mains des autorités, dans le sud du pays, en attendant son rapatriement dans la capitale. Pour le Français, d'avoir quitté les lieux de la catastrophe, seul.

Faire le tour des hôpitaux faisait partie de mon travail. Parfois, les numéros de chambres avaient changé. Souvent les noms avaient été écorchés ou mal orthographiés. Je me penchais sur l'ordinateur pour consulter la liste et retrouver ceux qui m'attendaient. Leur désespoir et leur solitude étaient immenses. Je crois que parler dans leur langue maternelle, parler à une infirmière de leur nationalité qui habitait le pays les rassurait. Peu à peu, les rapatriements s'organisaient. Avant de partir, certains m'ont fait promettre de passer de l'argent ou des vivres aux familles qui les avaient secourus et recueillis dans le sud du pays. De rester en contact avec eux, aussi.

Je suis rassurée. Bérangère semble aller beaucoup mieux. Son mari s'occupe des formalités pour leur retour à Singapour. Nos enfants s'entendent bien. Ils se parlent beaucoup. Les enfants de Bérangère expliquent ce qui leur est arrivé, les nôtres disent ce que leurs copains rescapés leur ont raconté. Je crois que c'est comme ça qu'est née cette solide amitié entre nos deux familles.

Mon patient français s'appelle Denis. Son frère est arrivé pour lui apporter du soutien. Les jours passent, et l'espoir diminue. Des informations provenant du sud disent que les enfants ont peut-être été transportés dans un hôpital, quelque part... Les passeports de la famille ont été retrouvés. Les valises aussi, près du lit. Elles vont servir à effectuer des prélèvements pour les tests ADN. Denis va bientôt rentrer en France.

Il n'y a pas eu de festivités pour le passage à la nouvelle année. Dans notre petite communauté, ce fut l'occasion d'un moment de recueillement. Après le tsunami, je suis sentie encore plus proche des habitants du Sri Lanka.

Où étiez-vous le 26 ? Et votre famille, vos amis ?

Dans les semaines qui ont suivi, je posais la question à chaque occasion. Dans les files d'attente des magasins, dans la rue. J'écoutais les histoires qu'on me racontait. Certains n'avaient jamais retrouvé les corps de leurs proches disparus. D'autres avaient tout perdu. Chaque histoire faisait émerger des pensées autour de la vie et de la mort. Il fallait reconstruire des vies. Beaucoup semblaient avoir la force d'aller de l'avant. *What to do ?*, répétaient-ils dans un sourire.

Trois mois après le raz-de-marée, un journal de Colombo a raconté la douleur d'une Sri Lankaise qui avait perdu son mari et ses six enfants. J'ai pensé à Denis, mon patient français. Il organisait une cérémonie à la mémoire de sa femme et de ses enfants, qu'il ne reverrait plus.

J'ai été horrifiée par le nombre de morts. Mais ce qui m'a le plus touchée, ce sont ces visages. Les visages des disparus. Ces visages aperçus sur des photos froissées sorties par les rescapés d'un portefeuille ou d'un passeport. Ces visages, à Colombo, sur les avis de recherche placardés par leurs familles sur les maisons et sur les vitrines, entourés de bougies et de fleurs.

La vie est fragile. C'est ce que m'avait dit un ami après un voyage en Inde, il y a quelques années. J'en comprends aujourd'hui la signification. Je voudrais retenir les leçons du tsunami. Je voudrais me souvenir pour toujours que les choses qui nous divisent sont infimes, ne jamais oublier à quel point nous sommes semblables. J'ai remarqué que c'étaient ceux qui avaient vu de plus près le raz-de-marée, les victimes et les secouristes, qui avaient été le moins tentés par la colère. Ils essayaient plutôt de trouver des réponses à la question : et maintenant, comment continuer ? »

MARY GRAWITZ,
45 ans, infirmière.
Colombo, Sri Lanka.

– 32 –

LA PLAINTE

« J'en voulais au monde entier.

Je me souviens, je suis parti courir. Je criais tout seul. Je leur en voulais. J'en voulais à mon frère Denis et à sa compagne d'être partis en Thaïlande. D'habitude, à cette époque de l'année, ils allaient skier avec la famille de Christine. Pourquoi étaient-ils partis là-bas ? Bon sang, qu'est-ce qu'ils étaient allés faire là-bas ?

Je m'en voulais, à moi. Je me sentais coupable d'avoir laissé partir mon frère. Je me sentais responsable.

Denis et Christine avaient une passion commune : la plongée sous-marine. Ils y consacraient presque toutes leurs vacances. Cette fois, ils étaient partis plonger en Thaïlande. Une semaine en mer. Ils ont été débarqués sur la plage de Khao Lak le dimanche matin, vers neuf heures. Ils ont rejoint l'hôtel où ils devaient passer leur dernière nuit en Asie. Ils ont été débarqués juste avant le raz-de-marée.

J'en voulais au monde entier. J'ai essayé de joindre la société qui avait organisé le séjour de plongée. Un répondeur, pendant toute la journée. J'étais inquiet. J'appelais toutes les heures. Enfin, dans la soirée, un message enregistré annonçait que tous les clients partis avec la société étaient sains et saufs. Ils parlaient de l'Indonésie. Ils ne mentionnaient pas la Thaïlande. J'ai pensé qu'ils avaient oublié. Je me raccrochais à tout ce que je pouvais. Je savais qu'ils n'étaient plus en mer, qu'ils avaient été débarqués. Je me disais qu'ils avaient une chance d'être rescapés. Et puis, les infos répétaient qu'il n'y avait qu'un seul Français disparu en Thaïlande, quelqu'un d'un club de vacances. Je me disais qu'ils étaient vivants. Je tentais de me raisonner.

Et puis Bangkok a téléphoné. L'ambassade de France. Ils ont dit à ma mère que Christine avait été retrouvée. Elle était dans un hôpital, elle était blessée. J'ai repris espoir. Je me suis dit que si elle n'avait pas pu appeler elle-même, c'est qu'elle était sans doute un peu choquée. Mais, au moins, je savais qu'elle avait ses papiers. Ils avaient leurs papiers sur eux. Denis aussi, probablement. Donc on pourrait savoir, on pourrait le retrouver. J'ai commencé à l'imaginer. Je me suis persuadé que Denis cherchait à me joindre, mais que tous les téléphones de la côte avaient été coupés.

J'en voulais au monde entier. Dans ma chambre, j'ai affiché une carte du monde. Je regardais la carte. Je voyais la Thaïlande. Je me disais que c'était loin, que je n'y étais jamais allé. Parfois, je restais là sans bouger. Je ne voulais pas que le temps passe. Je voulais tout arrêter. Le temps, j'aurais voulu pouvoir le remonter.

Deux jours après, c'est Christine qui a appelé. Elle n'a pas donné beaucoup de détails. Elle a dit à ma mère qu'ils étaient tous les deux sur la plage, que l'eau les avait emportés.

Je me souviens, c'est ce jour-là que ça m'est venu. C'est ce jour-là que je me suis vraiment fait à l'idée qu'on ne le reverrait plus.

Je suis allé sur Internet. J'ai regardé des photos de leur hôtel. Des petits bungalows sur la plage, à 50 mètres de la mer. Avec des palmiers et de la forêt derrière. C'est ça qui m'a marqué. Le manque de relief. Sur des centaines de mètres, il n'y avait rien pour arrêter la mer.

Ils venaient d'arriver à l'hôtel. Denis rinçait les combinaisons de plongée. Christine se promenait sur la plage. Elle a vu la mer se retirer. Elle s'est inquiétée. Elle est allée retrouver Denis pour lui en parler. Ils sont revenus tous les deux sur la plage. Là, au loin, ils ont vu la vague arriver. Denis a compris.

— C'est un raz-de-marée. Il faut courir.

Ils ont couru. Mais c'était trop tard. La vague les a séparés. Christine s'est sentie soulevée. Elle a surnagé comme elle pouvait. Elle a été emportée vers le fond. Sa tête a heurté un arbre. Elle a de nouveau pu respirer. Partout, dans l'eau, elle se cognait à des objets. Son sac à dos la ramenait vers le fond. Elle a réussi à l'enlever. Plusieurs fois, elle a bien cru qu'elle allait se noyer. Enfin, elle s'est retrouvée sur un tas de débris, une petite fille à ses côtés. Elle a pris la petite dans ses bras, et elle a marché droit devant elle pour trouver du secours. Elle est restée dans un hôpital pendant deux jours. Denis n'a jamais été retrouvé.

J'en voulais au monde entier. Dans ma vie, j'ai déjà eu l'impression de subir des injustices. J'ai eu le sentiment que c'en était une de plus. Une de plus pour mon frère, aussi. J'imaginais le moment où il avait été pris par l'eau. Je voyais sans cesse des images, des images que j'avais inventées. Je voulais voir, je voulais comprendre. Je ne voulais plus dormir. Chaque fois que je me réveillais, le cauchemar recommençait.

Christine est rentrée. Ses amis du club de plongée sont allés l'accueillir. Ce club, c'était comme une famille pour eux. Christine m'a raconté. Elle a vu ma mère aussi. J'étais content que ma mère soit hébergée par des amis, j'étais heureux qu'on veille sur elle. Je voulais éviter que nos souffrances n'entrent en résonance. C'était mieux que l'on ne se voie pas, pour elle comme pour moi.

Le temps passait, passait. Je me raccrochais à tout. Je me disais que Denis était sans doute quelque part, qu'il avait peut-être simplement perdu la mémoire. On se voyait peu. Il avait deux ans de plus que moi. Nous étions différents, nous n'habitions pas dans la même ville. Je comprenais sa passion pour la plongée, mais je ne la partageais pas. Je me souvenais de son dernier coup de téléphone. Et puis, les images revenaient. Je voyais toujours ce moment-là, le moment où la mer le rattrapait. Je voudrais savoir. J'aimerais être sûr qu'il a pris un coup, qu'il a été assommé et qu'il ne s'est rendu compte de rien.

Mes collègues ont été bien. Mon travail m'a permis de tenir, de ne plus trop penser.

Le corps de Denis n'a pas encore été retrouvé.

Nous avons reçu le jugement déclaratif de décès le 4 février. Je me raccrochais à tout, j'inventais. Même avec ce papier sous les yeux, je me disais qu'il y avait toujours de l'espoir. J'ai rencontré d'autres familles de disparus. J'ai vu des gens qui n'acceptaient pas non plus. Ils refusaient d'admettre. Je me disais que pour eux, c'était encore plus douloureux que pour moi. Un homme qui était parti là-bas nous a raconté ce qu'il avait vu. Il disait que c'était terrible, qu'il y avait peu d'espoir.

J'en voulais au monde entier. C'est la plainte qui m'a aidé. Elle a été déposée en mars dernier devant un tribunal new-yorkais, pour qu'une enquête soit menée, pour qu'on nous dise ce qui s'est passé ce jour-là. Pourquoi l'alerte n'a-t-elle pas été donnée ? On parle d'une catastrophe naturelle. C'est vrai. Mais des gens savaient que la vague allait arriver, des milliers de vies auraient pu être sauvées. Je ne demande pas qu'un responsable soit désigné. Je veux juste qu'on nous dise ce qui s'est passé.

Je me suis inscrit sur Internet. Lorsque j'ai vu mon nom avec les autres, en bas de la plainte déposée, j'ai été soulagé. Déjà, les choses ont changé. Lorsque la terre a de nouveau tremblé en Indonésie, l'alerte a été donnée. Je demande juste ça, je veux juste qu'on nous dise. Pour ceux qui sont morts, pour leurs familles, pour Denis. Et aussi pour que ça ne se reproduise pas. »

LAURENT GUILLAUME,
45 ans, ingénieur.
Rennes (Ille-et-Vilaine), France.

– 33 –

LES AUTOMATES

« Des hélicoptères partout. Un bruit d'enfer. L'un des appareils se posait, les autres attendaient leur tour, quelques mètres au-dessus du sol. Il faisait quarante degrès. Sur la piste, une chaîne humaine s'organisait. Les militaires se passaient les colis de nourriture et les colis de médicaments. Ils les balançaient dans l'hélicoptère. L'appareil redécollait aussitôt. Un autre se posait. La chaîne humaine se reconstituait. Et ça recommençait. Un gigantesque pont aérien. Trois cent vingt mouvements d'hélicoptères par jour. C'est le premier souvenir que j'ai de mon arrivée à Banda Aceh.

L'Indonésie.

Le pays le plus touché par le raz-de-marée. Des milliers de morts. Beaucoup de sans-abri. Autour de Banda Aceh, la région avait été dévastée. Près de la mer, il y avait eu un village de cinq mille habitants et une caserne militaire... Il n'y avait plus rien. Tout avait été rasé.

La région est vallonnée. Après le raz-de-marée, les habitants sont montés se réfugier dans les hauteurs. C'est là que le camp de Lhokgna se trouvait. À mon arrivée, il comptait mille cinq cents réfugiés.

Je suis pompier professionnel. Je participe souvent comme volontaire à des missions humanitaires. Le camp avait été installé par Pompiers sans Frontières, l'ONG dans laquelle je suis engagé. Je venais pour prendre le relais. Je faisais partie de la mission numéro trois. Nous sommes arrivés le 19 janvier. Trois semaines après le raz-de-marée.

Nos camions ont traversé Banda Aceh. Pendant les 25 premiers kilomètres, je n'ai rien remarqué. La végétation, la circulation, tout était normal. Si, je me souviens d'une fosse commune. Il y avait des engins qui creusaient, des camions qui arrivaient. C'étaient les premiers corps qu'on voyait.

À la sortie de Banda Aceh, tout devenait complètement irréel. On quittait la ville, et en un instant, à quelques mètres, il n'y avait plus rien. On nous avait donné un plan de la ville. Une zone avait été quadrillée en rouge, celle qui n'existait plus. Pour rejoindre le camp, c'était par là qu'il fallait passer.

Je me souviens des couleurs. Du contraste. Les endroits qui avaient été envahis par l'eau étaient restés marron. Brûlés par le sel. Et puis, il y avait les montagnes, là-haut, cette végétation verte. L'eau était passée entre les montagnes, elle s'était engouffrée. On passait du vert au marron. Net.

Nous avons traversé la zone. Tout avait été emporté. Nous sommes arrivés dans une plaine. D'anciennes rizières, à deux kilomètres de la mer. Le paysage était comme figé. Personne n'avait encore commencé à déblayer. Les travaux ont commencé le lendemain de notre arrivée. Il y avait des dizaines de camions, avec des pelleteuses et des bulldozers. La route était bloquée, j'ai eu le temps de regarder. J'ai vu une pelleteuse qui creusait. Le type a mis trois coups de godets. Cinq corps ont été exhumés.

Depuis trois semaines, j'en avais vu des images à la télé. On pense toujours savoir ce qu'on va trouver. Mais le premier jour, franchement, je me suis demandé où j'étais tombé. Nous sommes partis en reconnaissance, à une dizaine, dans les environs du camp de réfugiés. Il y avait une rivière, et le pont avait été détruit. Avec un bidon et des planches, nous avons fait un radeau, et nous avons traversé. On s'est retrouvé au milieu de ce qui restait du village, ce village de cinq mille habitants qui avait été balayé. Nous étions dix au milieu des décombres, et personne ne parlait. Nous étions comme des automates : on tournait sur nous-mêmes. L'un d'entre nous s'arrêtait, et tout le groupe s'arrêtait. On regardait. D'un côté, on voyait la mer. Calme, bleue, paisible. De l'autre, les décombres. Toutes les constructions en dur avaient été rasées. Et puis, l'un d'entre nous se remettait à marcher, et tout le groupe suivait. Toujours en silence, toujours sans parler. Il n'y avait plus de végétation. Pas de chants d'oiseaux. Juste le bruit des hélicoptères qui passaient parfois au-dessus de nos têtes. Nous avons déambulé comme ça pendant deux heures. Heureusement, il y avait le camp. Il fallait s'y mettre, on avait besoin de nous. Nous nous sommes mis au travail.

Le camp avait été structuré selon les coutumes locales. Il y avait un chef, un chef de village. Il était très respecté. C'était notre interlocuteur. Nous assurions la production d'eau potable. Quinze mille litres par jour. Nous avions installé une rampe avec six robinets. La population venait directement se ravitailler.

Tous les matins, on partait en camion pour aller chercher du matériel dans les entrepôts de Banda Aceh, surtout des tentes pour abriter les familles. Les tentes étaient lourdes, à peu près 100 kg, et il fallait se mettre à quatre pour les charger. On ramenait aussi des kits sanitaires avec des produits d'hygiène et du savon, des kits cuisine et des réchauds. L'après-midi, on aidait au montage des tentes. Nous étions là 24 heures sur 24.

Ça crée des liens très forts.

Les Indonésiens avaient vécu une catastrophe hors du commun. Ils avaient tous perdu au moins un membre de leur famille. Et j'avais l'impression que personne n'était triste. Sur la route, le matin, quand on partait chercher le matériel, on croisait les camions qui allaient ramasser les corps. Tous les hommes de plus de seize ans avaient été réquisitionnés pour faire ce travail. Ils nous faisaient de grands sourires, ils nous applaudissaient. Surtout si on avait des gants ou des masques à leur donner. Ils ramassaient les corps à mains nues.

Il y avait beaucoup d'orphelins. Ils étaient recueillis par les familles de rescapés. Les enfants, c'était vraiment touchant. Mon plus beau souvenir, c'était le jour où nous sommes allés ravitailler un camp voisin. Nous avions réussi à dégoter 150 kg de biscuits. Il y avait un gamin qui était là, un petit Indonésien. Il avait peut-être six ans. Il parlait trois mots d'anglais. Je lui ai mis un carton de biscuits sur l'épaule. Il a commencé à s'éloigner et au bout de deux ou trois mètres, il s'est retourné. Il m'a regardé et m'a dit *Thank you, mister !* (merci, monsieur !), avec un grand sourire. Et puis hop, il est parti. Ça m'a ému. Rien que pour ça, rien que pour ce sourire, ça valait le coup de partir là-bas.

Des missions comme celles-là, on n'en sort pas indemne. Je crois que chacun a sa façon d'évacuer. Moi, je parle beaucoup. J'aime raconter. Et puis, je suis fier. Je suis fier d'avoir rencontré tous ces gens, fier de les avoir aidés. C'est ça, qui me reste. C'est cette fierté. »

STÉPHANE MAHOUIN,
33 ans, sapeur-pompier.
Rennes (Ille-et-Vilaine), France.

– 34 –

L'ABSENCE

Florence

« J'étais avec Mathilde au premier étage de l'hôtel. Mathilde a huit ans, elle est inscrite dans l'école anglaise de Bangkok, mais elle suit aussi des cours de français par correspondance. Ce matin-là, nous faisions une séance de français. Nous avions presque fini, il devait être 10 heures 35. J'ai dit à ma fille : allons chercher tes frères, et nous irons ensuite à la plage. Charles, sept ans, Auguste, quatre ans, et Octave, dix-huit mois, jouaient au *Kid's club* (garderie), au rez-de-chaussée de l'hôtel, avec leur *baby-sitter.*

Soudain, nous avons entendu un très fort grondement. D'abord lointain. Puis, de plus en plus fort. Un bruit difficile à décrire. C'était comme si une centaine d'hélicoptères se rapprochaient de nous, et tournoyaient au-dessus de nos têtes. J'étais dos à la fenêtre. Je me suis retournée. J'ai alors vu un mur d'eau avancer vers l'hôtel, un mur gigantesque. J'ai vu aussi un homme qui courait devant le mur. Il a disparu, englouti par l'eau. Je n'ai pas compris. C'était incompréhensible. J'ai pris ma fille par la main, nous sommes sorties de la chambre en courant. Des Allemands sont sortis de leur chambre au même moment. Les parents et leurs deux enfants. Nous nous sommes regardés. L'homme a dit : *We have to go up* (nous devons monter). On s'est mis à courir. Nous étions au premier. Nous sommes montés au deuxième. L'eau montait aussi, elle montait vite. Nous avons couru à l'extrémité d'une coursive, au deuxième étage. Il y avait une échelle de service. Nous avons pu nous hisser sur le toit. Deux femmes de chambre de l'hôtel nous ont suivies. Nous étions tous à califourchon, assis sur l'arrête du toit. Nous avons vu. Un spectacle de fin du monde. Un spectacle difficile à décrire, parce que c'est inimaginable. C'était violent. C'était puissant. On ne voyait pas ce qui pouvait arrêter ça. Je me suis dit : « C'est la fin de tout. » Je me suis dit : « C'est la mer qui recouvre la terre. »

Voilà. Que vous dire de plus ? Que ma fille me disait : j'ai peur, j'ai peur. Que je lui disais : tes frères, tes frères, mon Dieu, tes frères. Je pensais aussi à Jérôme. Mais je pensais surtout à mes trois garçons. Parce qu'ils sont tout petits. Parce que je savais qu'ils jouaient au rez-de-chaussée. Mathilde et moi, nous avons prié.

Jérôme

Il faisait si beau ce matin-là... Une journée magnifique, typique de la fin décembre en Thaïlande. Un grand ciel bleu, pas trop chaud. Nous passions quelques jours de vacances au Sofitel de Khao Lak, au nord de Phuket. Vers 8 heures 15, nous avons senti des secousses. Nous étions encore dans notre chambre. Les rideaux ont bougé, les vitres ont tremblé. Nous vivons en Asie depuis onze ans, et nous avons l'habitude des tremblements de terre. Il y en avait souvent aux Philippines. On ne s'est pas inquiété. Nous sommes descendus tous les six pour prendre notre petit-déjeuner. Puis, nous nous sommes séparés. Florence est montée faire du français avec Mathilde. Nos trois petits garçons sont allés jouer au *Kid's Club*, au rez-de-chaussée de l'hôtel. Et je suis parti faire du sport. J'étais tout seul dans la salle de gym. Je courais sur un tapis roulant, devant une baie vitrée. Devant moi, comme un lagon, l'immense piscine de l'hôtel. Et plus bas, la mer, à 300 mètres. Soudain, j'ai vu des gens courir, au loin. Ils venaient de la plage. D'autres quittaient en hâte les tennis, à ma gauche, et se dirigeaient vers la réception de l'hôtel. Je trouvais cela curieux. Nous étions le lendemain de Noël. Je me suis dit que l'hôtel avait dû organiser une surprise. Je me suis dit : « C'est peut-être le Père Noël qui revient… » Je me trouvais dans une salle fermée. Je n'ai pas entendu le bruit de la mer. Les silhouettes se sont rapprochées, je distinguais plus distinctement leurs visages. Des visages terrifiés. C'est alors que je l'ai vu. Un front d'eau marron, gigantesque, submerger la piscine, et tout emporter sur son passage. Ce front d'eau arrivait sur moi ; il devait faire deux mètres de haut. J'ai tout de suite compris ce qui se passait. J'ai étudié la géologie. J'ai fait le lien avec le tremblement de terre.

Les enfants.

Le *Kid's Club* était à vingt mètres de la pièce où je me trouvais. J'étais tout près de la porte de la salle de gym. J'ai sauté de ma machine. Je n'ai pas eu le temps d'ouvrir la porte que les vitres explosaient déjà sous la pression de l'eau. Je me suis précipité vers une autre porte, au fond de la pièce. J'ai eu le temps de l'ouvrir, avant de me faire emporter par les flots.

Florence

L'eau continuait de monter. Nous étions au-dessus de l'eau, comme sur un îlot au milieu d'une piscine géante et bouillonnante. Il y avait un bruit terrible. Tout craquait. Les vitres explosaient, les chaises longues en teck volaient, des parties de toit s'effondraient, des arbres pliaient avant d'être arrachés, puis emportés. Je ne sais pas combien de temps ça a duré. Le niveau de la mer a fini par se stabiliser. Puis l'eau s'est retirée. Avec la même vitesse. La même violence. La même puissance. C'est comme si une bassine se vidait, d'un coup. La mer emportait tout dans son reflux. Il y avait des chaises de plage, des branches, des matelas. J'ai vu passer la piscine en plastique du *Kid's Club*. Je pensais à mes enfants. Ma hantise était de les voir passer sous mes yeux. Tout s'est calmé. Nous avons attendu encore un peu. Nous ne savions pas si c'était fini ou non. Du toit, on voyait la réception, un des points les plus élevés de l'hôtel. Je voyais des silhouettes s'agiter. Je me suis dit : « C'est là que les gens se regroupent, il faut y aller. » Nous sommes redescendus par les mêmes coursives. C'était un parcours du combattant. Nous étions pieds nus. Tout était cassé, explosé. Les portes des chambres arrachées, les fils électriques enchevêtrés, les vitres en miettes. On se frayait un passage comme on pouvait, on escaladait. J'étais terrorisée à l'idée que cela pouvait recommencer. Toutes les quinze secondes, je me retournais. Je cherchais la prochaine cage d'escaliers. J'évaluais les chances que nous avions de nous en sortir si la vague revenait. À mi-parcours entre le toit et la réception, j'ai vu arriver Jérôme, qui venait vers nous. Il était sale, trempé. On s'est regardé, on ne s'est rien dit. C'était le seul espoir que j'avais. Qu'il ait eu le temps de s'occuper de nos petits garçons. En le voyant seul, et à son regard, j'ai compris.

Jérôme

L'eau m'a entraîné jusqu'au parking. Les sirènes des voitures, soulevées par l'eau, hurlaient. Les véhicules venaient se cogner contre la rampe d'accès de l'hôtel, un peu plus haut. J'étais coincé sous un pick-up renversé. La puissance de l'eau me poussait. J'ai vu arriver un autre *pick-up*, droit sur moi. Et puis l'eau, soudain, est montée. D'un cran. Cela a suffi pour dégager les voitures qui étaient coincées. Elles ont passé la rampe d'accès. J'ai été emporté avec elles vers les marécages qui entouraient l'hôtel. Comme dans une énorme machine à laver.

J'étais sous l'eau, dans cette mer de sable et de boue, au milieu des débris : des chaises de plage qui devaient peser 60 kg chacune, des frigidaires, des lits, des téléviseurs, des voitures. J'étais pris dans ce tourbillon. Je ressortais, je respirais, avant d'être attiré une nouvelle fois vers le fond. J'ai été coincé sous un tronc d'arbre. Puis, je me suis retrouvé au niveau de la cime des cocotiers, à sept ou huit mètres de hauteur. J'ai su plus tard que là où nous étions, la vague était montée à plus de dix mètres, arrivant à près de 30 km/h. Je n'arrivais plus à respirer. Je me suis agrippé à un bidon d'huile. Un bidon jaune. Il m'a servi de bouée. Deux femmes thaïlandaises, visiblement à bout de souffle, se sont accrochées à moi. On ne se parlait pas. L'une me tenait la main ; l'autre l'épaule. Elles avaient des difficultés à maintenir leurs têtes hors de l'eau. On devait être à 400 mètres de l'hôtel. J'apercevais la réception. L'eau s'est stabilisée quelques minutes. Puis, le reflux a commencé. Je le savais, ça devait arriver. Je sentais le courant me tirer vers le fond. Je me suis dit qu'il fallait que je m'accroche à quelque chose. Je me suis dit : « Si tu repars avec la flotte, c'est foutu. » J'ai manœuvré comme j'ai pu. Je visais un pont piéton qui partait de la réception, en direction des tennis. J'ai atteint le pont, je me suis accroché avec les deux mains, et j'ai appelé : *Help, help !* (au secours !) Quelqu'un m'a hissé sur le pont. C'était un étranger, un Suédois ou un Allemand, je ne sais pas. On ne s'est pas parlé. Je ne l'ai jamais revu. Je ne le reconnaîtrais pas.

J'étais en short, j'avais perdu mes lunettes, je ne voyais plus très bien. À la réception, nous étions une cinquantaine, hébétés. Je voulais descendre vers le *Kid's club*, mais il était inondé, inaccessible. Alors, je suis parti à la recherche de Florence et de Mathilde. Nous nous sommes retrouvés à mi-chemin, au milieu des gravats.

Florence

Jérôme m'a dit : « Il vous faut des chaussures ; il nous faut nos passeports. » Nous sommes retournés à notre chambre. Elle était dévastée. Le lit à la verticale, les portes des placards défoncées, le coffre-fort béant. Le premier étage avait été complètement submergé. Tous ceux qui étaient restés dans les chambres sont morts noyés. J'ai retrouvé mes chaussures de sport, et j'ai pris des sandales de l'hôtel pour Mathilde.

Jérôme

Ensuite nous avons fait le parcours du combattant dans l'autre sens, pour rejoindre la réception. Je suis descendu au *Kid's Club*. Il ne restait plus rien, tout avait explosé. Je regardais sans pouvoir entrer ; il y avait trop de gravats, trop de décombres. Les plafonds s'étaient effondrés, les jouets flottaient… Florence criait derrière moi. Elle avait peur qu'une autre vague ne revienne. De loin, on voyait de l'écume se former sur la mer. On avait très peur d'un autre raz-de-marée. Je suis remonté à la réception. Nous devions être une petite centaine. Des clients et des employés de l'hôtel. Essentiellement des adultes. Très peu d'enfants. La moitié des quatre cents clients du Sofitel de Khao Lak sont morts.

Nous avons marché tous ensemble vers une colline, à 300 mètres de l'hôtel. C'était le point le plus haut des environs. Il y avait des blessés, allongés par terre. Nous avons retrouvé la *baby-sitter* des enfants. Elle était allongée aussi, les yeux fermés. Très pâle. Elle tremblait. Elle ne pouvait pas parler. Nous avons su plus tard qu'elle avait été projetée sur une voiture qui était venue s'échouer dans les marécages, loin de l'hôtel.

Nous sommes restés sur cette colline une heure, ou plus, je ne sais pas. Avant d'être évacués à l'intérieur des terres, à l'hôpital de Takua Pa, à 25 kilomètres de Khao Lak. Pendant toutes les heures qui ont suivi, nous n'avons vu aucun secours. Un avion a survolé la zone, au-dessus de nos têtes. Mais nous n'avons pas vu d'hélicoptère, aucune voiture de police. Il s'était déjà passé quatre à six heures, et nous étions seuls. J'ai emmené la *baby-sitter* se faire soigner. Et là, toutes mes lectures sur la guerre de 1914-1918 sont revenues. Ça ressemblait à ça. Des centaines de blessés allongés par terre, dans la boue et le sang. Des *pick-up* qui déchargeaient sans arrêt de nouveaux corps. Les blessés à droite, les morts à gauche.

Nous avons passé la nuit là. Entre-temps, j'avais réussi à joindre des amis de Bangkok, pour qu'ils organisent des secours. La nuit fut terrible. Nous avons essayé de dormir dans les couloirs de l'hôpital, au milieu des blessés. Le médecin passait, recousait, passait à un autre blessé… C'était l'enfer.

Le lendemain, à 6 heures 45, j'ai réussi à appeler une nouvelle fois mes amis. Il y a dix heures de route depuis Bangkok. Je leur ai demandé où ils étaient. Ils m'ont dit : « Nous sommes là, Jérôme, nous sommes aux portes de l'hôpital. » Ça m'a fait un choc. (…) Je suis descendu, j'ai vu deux minibus entrer dans l'enceinte de l'hôpital, au milieu des centaines de réfugiés. C'étaient les premières personnes étrangères au drame que l'on voyait. Ils arrivaient avec des vêtements, des téléphones, des vivres. Ils venaient nous chercher. Je suis reparti à l'hôtel avec eux, dans l'un des minibus. Sur la route, un spectacle de désolation inimaginable. Encore pire que la veille. Des corps partout, des débris partout. Je me suis dirigé vers le *Kid's club*. J'ai fouillé dans les décombres. Au fond du club, j'ai retrouvé deux petits garçons. Charles, notre fils de sept ans. Et un petit Allemand, qui jouait la veille avec nos trois garçons. (…) Ce jour-là, nous n'avons pas retrouvé Octave, ni Auguste. (…) Voilà. C'est un long récit.

Nous sommes rentrés en France le mercredi suivant, avec le corps de Charles. Nous avons organisé une cérémonie religieuse pour nos trois enfants le 31 décembre, dans la cathédrale de Soissons.

Florence

Vous avez déjà recueilli de nombreux témoignages, et ceux qui ont perdu des proches ont dû vous le dire.

Vous dire ce grand choc. Ce traumatisme. L'impression d'être anesthésié. On ne vit plus, on survit. Pendant 48 heures, je n'ai pas mangé, pas dormi. J'entendais en boucle le bruit de la mer. Dès que je fermais les yeux, j'entendais le bruit de la mer qui revenait. Au début, plus rien ne fonctionne. Et puis, cela revient, petit à petit. On a l'impression de vivre dans un film. On regarde autour de soi, et on se dit : « Je suis là, et à la fois je n'y suis pas. » C'est difficile de comprendre. Quatre mois après, nous n'avons pas encore vraiment réalisé. Il y a ce sentiment de vide, d'absence. Un vide énorme. Une immense tristesse. Nous savons ce qui s'est passé. Nous savons que nos trois petits garçons ne reviendront pas. Mais nous n'avons pas encore mesuré toutes les conséquences de leur absence à tous les trois pour notre vie à nous, pour notre vie de tous les jours. Il y a des moments où l'on se sent fort, où l'on a confiance. On se dit qu'on va y arriver. Et puis il y a des périodes de grand doute. Ce n'est pas une ligne droite. On ne part pas d'un point A pour arriver à un point B. Ce n'est pas linéaire. On fait un pas en avant, et deux en arrière. C'est difficile de savoir. Chaque jour est un défi. On ne sait pas de quoi demain sera fait.

Jérôme

Nous sommes passés par plusieurs phases. Les premières heures, les premiers jours, je me concentrais sur l'action. Je me disais qu'il fallait sortir de là, et que pour cela, il nous fallait retrouver des passeports, de l'argent, de l'eau. Les premières heures, c'était ça. La survie. L'action. J'évacuais. Je ne pensais pas trop à ce qui s'était passé. Aux conséquences de la perte des enfants. Je pensais à assurer notre survie à tous les trois.

L'action, l'organisation. Avoir les moyens de partir, de quitter cet endroit. J'ai fouillé notre chambre d'hôtel. Dans la boue, j'ai retrouvé mon portefeuille et nos passeports. Quand nous sommes arrivés à Bangkok le lundi, il a fallu organiser le rapatriement de Charles. S'occuper des formalités avec les autorités thaïlandaises et françaises. Rester dans l'action.

Florence

La cérémonie religieuse a été un moment très important pour nous. Nous avons été très entourés. La cathédrale de Soissons était pleine. Et puis, nous avons reçu des milliers de lettres…

Jérôme

Des témoignages de soutien et d'amitié par milliers. Des amis, beaucoup de gens que l'on connaissait, mais aussi des gens que l'on ne connaissait pas. Des gens qui ressurgissaient dans nos vies, des amis d'enfance, des amis d'école, des personnes que l'on avait perdues de vue depuis vingt ans. Il y avait aussi des parents qui avaient perdu des enfants. Eux, ils nous disent : votre vie est changée pour toujours, votre vie ne sera jamais la même. Le vide sera toujours là, immense. Lire toutes ces lettres, tous ces messages, nous a pris beaucoup de temps. Et puis, c'était bouleversant. Beaucoup nous ont écrits et nous disent : on ne sait pas quoi vous dire. Quelle importance. C'était tellement important pour nous de se sentir entourés, aimés. Et puis, même nous, nous ne savions pas quoi dire. (…) Nous découvrons chaque jour une nouvelle dimension de cette perte, de l'absence.

Nous sommes rentrés chez nous, à Bangkok. Nous voulions que Mathilde retrouve très vite un rythme, une routine. Je suis retourné travailler aussi. Une dure réalité nous attendait. Retrouver les corps d'Octave et Auguste. Quatre mois après le raz-de-marée, la moitié des corps des Français disparus en Thaïlande n'ont toujours pas été retrouvés. L'identification des corps prend du temps, trop de temps.

Florence

Les autorités sont débordées par l'ampleur du drame, le nombre de morts, le nombre de corps à identifier. Mais nous, nous avons besoin de savoir, de comprendre. Depuis quatre mois, nous vivons avec des si seulement dans la tête. Si seulement le tremblement de terre avait donné lieu à une alerte. La mer s'est retirée pendant une vingtaine de minutes… Si seulement l'alarme avait été donnée. Il y a eu des signes. Pourquoi ne s'est-il rien passé ? Nous avons décidé de créer une association. C'est important pour nous de comprendre comment tout cela est arrivé, comment on aurait pu l'éviter. On se dit aussi qu'il y a des enseignements à tirer de cette catastrophe, et de la manière dont elle a été gérée. Nous n'acceptons pas le caractère inévitable de la chose. On nous dit : « Il n'y avait rien à faire, c'est le destin, ou la Providence. » C'est très difficile d'entendre cela. Nous nous disons que si une telle catastrophe se reproduisait, il faudrait que les choses se passent autrement, il faudrait que des vies soient sauvées. Viser cet objectif, c'est aussi pour nous le début d'une reconstruction, le début de quelque chose de positif.

Jérôme

Nous sommes croyants. Notre foi sort renforcée de cette terrible épreuve. J'accepte de ne pas tout comprendre, de ne pas tout maîtriser. Il y a des moments où je sens mes enfants autour de moi. Je les sens, ils sont là. En mars, je suis retourné à Khao Lak. J'ai cru que je ne m'en remettrais pas. Je suis retourné à l'hôtel. J'ai visité les lieux où les corps de mes enfants ont dû passer et être entreposés. Les temples, les containers, les salles d'autopsies. J'ai discuté avec les représentants de la police et de la gendarmerie chargés d'identifier les corps. La semaine suivante, l'ambassade de France m'appelait pour me dire que l'on avait retrouvé le corps d'Octave.

Florence

C'est un soulagement d'avoir retrouvé le corps d'Octave. C'est aussi une grande angoisse de savoir qu'Auguste se trouve encore là-bas, tout seul. Nous devrions quitter la Thaïlande dans les prochains mois. Il le faut. Nous souhaitons ardemment retrouver le corps de notre troisième enfant avant de partir. Ce serait trop douloureux de faire nos valises et de quitter définitivement ce pays en laissant Auguste derrière nous. (…)

Le 26 décembre, ce qui m'a surpris, c'est l'instinct de survie. Je savais que mes petits garçons n'avaient aucune chance de se sortir de ce cauchemar, je savais que c'était fini. Et pourtant, je ne voulais pas mourir. Jérôme aussi s'est battu pour survivre, tout seul dans l'eau. Il s'est battu sans savoir qui de nous il retrouverait. Cet instinct de survie, c'est quelque chose que l'on découvre. On ne sait pas à quel point c'est fort. Quels que soient la hantise, la peur, le désespoir de ne pas retrouver mes enfants, à aucun moment, je n'ai voulu mourir. J'avais peur, et je priais, je priais. Ne serait-ce que pour ma fille, ne serait-ce que pour moi, je voulais vivre. J'avais une obsession, je voulais quitter cet enfer, je voulais partir. Je voulais qu'on s'en sorte tous les trois. C'est très fort. Après, vous vous dites au milieu de la nuit : la vie bascule. Vous vous dites : mais quelle horreur. Mais sur le moment, à aucun moment, je n'ai voulu mourir.

Jérôme

C'est vrai. La plupart de ceux qui sont passés comme moi dans cette gigantesque machine à laver n'ont pas survécu. Les deux femmes thaïlandaises qui s'agrippaient à moi, je ne les ai pas revues. À trois reprises, j'ai failli y passer. Quand j'étais coincé entre les deux *pick up*, puis pris sous une souche. Quand je n'arrivais pas à monter sur le pont, et que l'eau me tirait en arrière. Mais à aucun moment je me suis dit que j'allais mourir. J'étais sûr que j'allais m'en sortir. J'étais comme un observateur de la scène. Je savais que je m'en sortirai.

Florence

La mort de nos enfants change notre propre rapport à la mort. Ce passage que nos petits garçons ont accompli avec nous, avant moi, me donne une plus grande sérénité pour ce passage, quand il sera mien. Cela ne veut pas dire que je n'aurai pas peur. Mais ce passage sera pour moi synonyme de retrouvailles.

Aujourd'hui, nous nous posons beaucoup de questions sur la mort. Ce en quoi nous croyions auparavant prend une dimension nouvelle. Beaucoup nous disent : votre foi doit vous aider beaucoup. Oui, elle nous aide, mais elle n'est pas un refuge. Nous ne sommes pas épargnés par les moments de doute. Je crois que par certains aspects, il est plus facile de croire quand tout va bien. Aujourd'hui nous nous posons beaucoup de questions que l'on ne se posait pas avant. Nous avons besoin d'approfondir des choses que l'on prenait autrefois comme elles étaient, telles qu'on nous les avait enseignées. Des certitudes qui faisaient partie du paysage. Nous avons besoin d'éclairages plus forts, de plus de réflexion. Nous sommes en recherche. Beaucoup plus qu'avant.

Jérôme
Notre fille Mathilde réagit bien. Son sourire nous aide. C'est un grand réconfort de l'avoir près de nous.

Florence
Le vide est immense pour elle aussi. Elle avait quinze mois d'écart avec son frère Charles, ils partageaient la même chambre. Ils ont toujours tout fait ensemble. Je suis sa maman, mais je ne peux pas me mettre à sa place. Je ne sais pas comment une petite fille de huit ans peut digérer cela. Elle a des moments de gaieté, elle a toujours le même enthousiasme, mais nous ne sommes pas naïfs. C'est comme ça aujourd'hui. Ça peut être autre chose demain. Elle a les yeux et la hauteur d'une petite fille de huit ans. Mais ce que nous avons vécu tous les trois sera forcément déterminant dans sa vie. Mathilde nous pose des questions sur la mort. Elle parle surtout beaucoup de ses frères. C'est une façon de les garder vivants. Nos trois garçons vivent et vivront à travers nous. À travers ce qu'ils nous ont apporté, à travers tout ce qu'on sait d'eux. C'est la même chose pour Mathilde. Je sais bien qu'ils vivent aussi en elle, et à travers elle.

Jérôme

Nous étions heureux, très heureux. Et on se prend ça. On se prend en pleine figure une chose comme ça. Autour de nous, il y a davantage de souffrances que je l'imaginais. Nos amis, nos familles, s'en ouvrent à nous plus qu'avant. Ces souffrances sont souvent liées à la perte d'êtres chers. Car la mort arrive à tout moment. Beaucoup de parents ont perdu des enfants. Pour certains, on ne le savait pas, on l'a découvert. Aujourd'hui, j'ai moins peur d'affronter la souffrance des autres. Il y a des gens qui nous disent : je n'ai pas pu vous appeler pendant des semaines. Ou alors : je ne voulais pas vous déranger. Il y a des gens qui appellent deux mois après et qui pleurent au téléphone. Il y a aussi des gens qui ont peur de la souffrance, qui ont peur de l'approcher, qui fuient.

Florence

Parfois, je me disais que l'on avait trop de chance. Il m'arrivait de m'inquiéter. Mais perdre trois enfants, je n'y avais jamais pensé. Je n'y avais pas pensé parce que c'est inimaginable. Notre avenir nous a été volé. C'est le sentiment que j'ai eu dans les premières semaines, après notre retour à Bangkok. Un avenir volé. J'ai aussi l'impression d'avoir été amputée. Mes trois garçons, je les ai portés. Ils étaient à un âge ou ils faisaient encore partie de moi. Ils sont morts, et une partie de moi est morte aussi.

J'ai toujours su ce qui était essentiel pour moi. Je ne vais pas vous dire aujourd'hui que j'ai réalisé à quel point j'aimais mes enfants, et à quel point j'étais heureuse avant. Parce que tout cela, je le savais déjà. Depuis onze ans que nous sommes mariés, je savais ce qu'était l'essentiel. Et je savais que j'avais l'essentiel. Tous les soirs, en embrassant mes enfants endormis, je me disais que j'étais heureuse, et je remerciais Dieu. C'est très dur aujourd'hui. J'ai perdu une partie de l'essentiel. Mais il me reste une partie de l'essentiel. Jérôme et Mathilde sont pour moi deux raisons de vivre. L'édifice est sérieusement ébranlé, mais les fondations demeurent. Nous étions six. Nous sommes encore trois. Nous avons cette chance-là. Je sais que tout n'est pas fini. Je sais qu'il y aura encore des moments de bonheur. Mais je sais aussi que j'ai perdu à tout jamais ce sentiment de plénitude. Même si nous avons une grande croyance dans la vie.

Quand je dis : l'amour est plus fort que la mort, j'y crois.

Nous y croyons tous les trois. »

JÉRÔME PHILIPON,
42 ans, chef d'entreprise.

FLORENCE PHILIPON, 37 ans.

Bangkok, Thaïlande.

ASSOCIATIONS

Les associations que nous avons croisées au cours de la rédaction de ce livre viennent en aide aux rescapés et aux familles des victimes, en France et en Asie.

Action pour les habitants de Ko Phi-Phi
6, passage Sainte Anne Popincourt, 75 011 Paris
actionkhopeepee@hotmail.fr

Association de soutien aux victimes résidant au Sofitel
Magic Lagoon Resort de Khao-Lak
73, rue de Turenne, 75 003 Paris
www.asso-victimes-khaolak.com

Association des victimes et rescapés du tsunami 2004 (A.V. R.T.)
14, avenue du Président Wilson, 75 116 Paris
www.victimes-francaises-tsunami.org

Ko Phi-Phi relève-toi
www.phiphi-releve-toi.com

Les amis de Ko Phi-Phi
9, place du marché, 34 250 Palavas-les-Flots
marnard2004@hotmail.com

Solidarité Aquitaine Sri Lanka
11 rue Paul Callede, 33 680 Lacanau
www.france-srilanka.com

Sri Lanka Cœur à cœur
www.asie-solidarite.org

Et aussi :

La bourse Isabelle Attali : la fondation Sophia Antipolis et l'INRIA ont décidé de créer un fonds destiné à faciliter les échanges entre le Sri Lanka et l'université de Nice (Sophia Antipolis) dans le domaine des sciences et technologies de l'information et de la communication.
Une page Web est dédiée à Isabelle Attali, Ugo et Tom Caromel, disparus au Sri Lanka le 26 décembre 2004 :
http ://IsaUgoTom.net

REMERCIEMENTS

Nous les avons rencontrés dans le Sud-Ouest, en Bretagne, dans la région parisienne ou sur la Côte d'Azur. Nous les avons aussi contactés en Asie. Que tous ceux dont le témoignage figure dans cet ouvrage soient ici remerciés pour leur accueil, leur simplicité et leur envie de partager.

Ce livre raconte leur histoire. Il est d'abord le leur.

Il est aussi celui de ma tante, Isabelle Azaïs, qui avait commencé à recueillir les premiers témoignages de ce livre. Elle est partie brutalement, le 24 février 2005, à l'âge de trente-huit ans. La rigueur de son travail et les contacts qu'elle avait initiés nous ont permis de continuer.

Merci à Carole Caumont, coauteur de ce livre, d'avoir si rapidement accepté de reprendre ce travail, dans d'aussi difficiles circonstances.

Merci à notre éditeur, Jean-Yves Riou, pour sa confiance. Merci à Benoît de Sagazan pour son soutien. Merci à tous les deux d'avoir tenu à poursuivre ce projet, en mémoire d'Isabelle et pour tous ceux qui ont perdu la vie dans le tsunami.

Merci à Bruno Frappat et Dominique Quinio, Jean-Marie Safra et Marianne Gomez, du journal *La Croix*, pour leur souplesse et leurs encouragements.

Un grand merci à Mary Grawitz, qui a défendu ce projet en Asie avec enthousiasme. Son aide et son soutien nous ont été précieux.

Nos remerciements vont aussi à Lynda Abrahami, Camille Chaize, Patrick Charignon, François Daguet, Emmanuel Doutriaux, Julia Ficatier, Violaine-Patricia Galbert, Bruno Lartigue et Stéphanie Vielfaure, pour nous avoir, chacun leur tour, ouvert une porte.

Merci à Jean, pour sa relecture attentive.

Merci à Jean-Roch Binder d'avoir soutenu et encouragé Isabelle dans ce projet, dès le mois de janvier.

Merci enfin à mes grands-parents, Jean et Claude Azaïs, pour leur accueil à *Dohatsua*, à Saint-Jean-de-Luz, où nous avons écrit les premières pages de ce livre. Claude Azaïs est partie rejoindre Isabelle, sa fille, le 11 avril 2005. Nous avons eu le privilège de partager ses derniers jours. Qu'elle soit ici remerciée pour sa présence attentionnée, sa délicatesse et sa générosité. Qu'elle soit remerciée pour tout l'amour qu'elle a donné à ses enfants et petits-enfants.

SOLENN DE ROYER
Paris, le 24 avril 2005

TABLE DES MATIÈRES

Achevé d'imprimer le 10 mai 2005
par **Bussière**
à Saint-Amand-Montrond (Cher)

Imprimé en France

8, 10, 12 rue du Docteur Herpin – 37000 Tours
Dépôt légal : 2e semestre 2005.
N° d'éditeur : 628.
N° d'impression : 052014/1.
ISBN : 2-85443-467-6